行政書士になるには

なるにはBOOKS
108

三田達治 編著

ぺりかん社

はじめに

行政書士は、弁護士や税理士と同じく「士業」の仲間である。業務の内容は、「他人の依頼《いらい》を受け報酬《ほうしゅう》を得て、官公署に提出する書類その他権利義務又は事実証明に関する書類（実地調査に基づく図面類を含《ふく》む）を作成すること」と、行政書士法で定められている。

こう説明すると、単に書類を「作成」するだけのようだが、もちろんその申請《しんせい》のアドバイスから始まり、依頼《いらい》者の代理人として申請《しんせい》業務も行う。

役所に提出する申請《しんせい》書や届出書、あるいは契約書など権利義務に関する書類の作成は、一般《いっぱん》の人にとってハードルが高い。どのような書類をどう書いてどこへ提出すればいいか、まずそこから迷ってしまう。そこで行政書士の登場となるわけだ。

たとえば「会社を設立して建設業を営みたい」という依頼《いらい》があった場合、会社設立のメリット、建設業のなかでどんな業種の許可を取りたいのかなど希望を聞きとり、申請《しんせい》方法や最新の法律について説明しながら申請《しんせい》準備を進めていく。相手の立場に立って、さまざまな角度から考えながら依頼《いらい》者に接することが行政書士業務の第一歩だ。

理想の姿は別業界の例でたとえよう。評判のいいレストランでは、お客さんがテーブルにある水をこぼすことがほとんどないという。その理由は、ホールスタッフの気配りにある。優秀なスタッフはテーブルの水が少なくなっていたら、頼《たの》まれる前にお代わりを提供し、コップは必ずもとの位置に置く。お客さんが自分の感覚で置いた場所に置き直せば、手や袖《そで》がふれてこぼすことは避《さ》けられる、と知っているからだ。お客さんのほうは、スタッフの気配りに気づかないまま、気分よく食事を進められる。

行政書士の仕事も依頼《いらい》者に対するさり気ない気配りと、一歩先を見据《みす》えたサービスが理想である。依頼《いらい》者の当面の希望を叶える書類を作成するだけでなく、その後の展開まで予測し、コンプライアンス（法令遵守《じゅんしゅ》）についてのアドバイスや新分野開拓《かいたく》の提案などをすることで、依頼《いらい》者の満足度を高めることができる。私の周囲には、そういう点にやりがいを感じ、依頼《いらい》者とともに成長している行政書士が多い。

本書では、幅広《はばひろ》い行政書士の仕事をわかりやすく説明するとともに、さまざまな分野で活躍《かつやく》している行政書士のインタビュー記事も掲載《けいさい》した。読者の方に「将来を賭《か》けるにふさわしい職業」として行政書士を選んでいただけるなら、この上ない幸せである。

三田達治

行政書士になるには　目次

［3章］

なるにはコース

※本書に登場する方々の所属等は、取材時のものです。

［装幀］図工室　［カバーイラスト］津田蘭子　［本文イラスト］渡部淳士　［本文写真］編集部

「なるにはBOOKS」を手に取ってくれたあなたへ

「働く」って、どういうことでしょうか?

「毎日、会社に行くこと」「お金を稼《かせ》ぐこと」「生活のために我慢《がまん》すること」。

どれも正解です。でも、それだけでしょうか? 「なるにはBOOKS」は、みなさんに「働く」ことの魅力《みりょく》を伝えるために1971年から刊行している職業紹介《しょうかい》ガイドブックです。

各巻は3章で構成されています。

[1章] ドキュメント 今、この職業に就いている先輩《せんぱい》が登場して、仕事にかける熱意や誇《ほこ》り、苦労したこと、楽しかったこと、自分の成長につながったエピソードなどを本音で語ります。

[2章] 仕事の世界 職業の成り立ちや社会での役割、必要な資格や技術、将来性などを紹介《しょうかい》します。

[3章] なるにはコース なり方を具体的に解説します。適性や心構え、資格の取り方、進学先などを参考に、これからの自分の進路と照らし合わせてみてください。

この本を読み終わった時、あなたのこの職業へのイメージが変わっているかもしれません。

「やる気が湧《わ》いてきた」「自分には無理そうだ」「ほかの仕事についても調べてみよう」。

どの道を選ぶのも、あなたしだいです。「なるにはBOOKS」が、あなたの将来を照らす水先案内になることを祈っています。

1章

ドキュメント

行政手続きのプロフェッショナルとして

ドキュメント 1 国際業務で活躍する行政書士

英語力を活かし、日本に住む外国人をサポートしたい

トライスター法務事務所《ほうむじむしょ》
関《せき》谷《や》佐《さ》奈《な》恵《え》さん

関谷さんの歩んだ道のり

高校時代から英語が好きで、大学時代には米国州立大学への交換《こうかん》留学も経験。卒業後は、英語を活かせる企業《きぎょう》に就職し、アジア各地で勤務。結婚《けっこん》を機に退職し、英語の通訳、翻訳《ほんやく》の仕事を始めたが、「英語を通して直接外国人の役に立ちたい」と考え、行政書士資格を取得。日本《にほん》に住む外国人の在留資格にかかわる申請《しんせい》や永住、帰化許可申請《しんせい》など、国際業務で活躍《かつやく》している。

研修を受けて「国際業務」を開始

行政書士の仕事のなかに、「国際業務」と呼ばれるものがあります。海外業務、渉外《しょうがい》業務とも言われますが、要するに日本で暮《く》らす外国人のお手伝いや、国をまたぐ相続のお手伝いをする仕事です。

外国籍《がいこくせき》の人が日本に一定期間滞在《たいざい》して仕事や勉強をする、または日本人と結婚《けっこん》して生活するためには、「在留資格」を取得する必要があります。ご本人が入管（出入国在留管理庁）に出頭して申請《しんせい》手続きを行うのが原則ですが、申請《しんせい》書類の言語は日本語と英語だけ。申請《しんせい》する在留資格によって必要な書類も異なり、すべての書類が用意されていなければ受けつけてもらえません。このため、外国人が申請《しんせい》書類一式を用意するのはハードルが高いと思います。

そこで行政書士が申請《しんせい》書類を作成して入管への申請《しんせい》取次をし、その後も必要に応じて追加書類に対応して、審査《しんさ》結果を受け取ります。

外国人本人に代わって在留資格にかかわる申請《しんせい》取次をするには、入管に申請《しんせい》取次の届出をしていることが必要です。日本で生活する外国人が増加するにつれ、この業務に従事する行政書士は増えていますが、私ははじめからこの仕事がしたくて行政書士になりました。

直接人の役に立つ喜び

2012年に行政書士になるまで、翻訳《ほんやく》や通訳の仕事をしていました。もともと英語が好きで大学時代に米国留学し、卒業後に就職したのも英語が使える企業《きぎょう》です。

シンガポールで働いていたときに日本人男

性と結婚《けっこん》し、夫の帰任に伴《ともな》って日本に帰国してから翻訳《ほんやく》や通訳の仕事を始めました。

仕事自体は好きでしたが、翻訳《ほんやく》は家で行う仕事で、通訳は単に仲立ちをするだけ。英語を使うなら、直接日本にいる外国人の役に立つことがしたい。そう思って資格を調べ、国際業務ができる行政書士を知ったのです。

資格をとって行政書士会に登録したあと、すぐに事務所を借りて開業しました。

今も時折、自分は本当に行政書士に向いているか自問自答していますが、「困っている人のお役に立てた！」と実感することも、少しずつ増えています。

中国人《ちゅうごくじん》留学生の就職を手助け

ここからは具体的な仕事についてご紹介《しょうかい》しましょう。まず、留学ビザで来日し、専門学校を卒業後も日本で就職することになった二人の中国人留学生のケースをお話しします。

仕事の依頼《いらい》先は、二人を社員として受け入れる会社でした。特定のイベントで使うグッズを販売《はんばい》する会社で、商品は中国の工場に製造委託《いたく》しています。万が一、納入がそのイベントに間に合わなければ、商品の価値はゼロになってしまう。タイムリーに商品を設計し、日本に届けてもらうよう手配することが非常に大事です。

そこで日本の専門学校を卒業予定の中国人二人を、社員として迎《むか》えることにしました。一人はＩＴ技術、もう一人は経理・経営学を日本で学び、二人とも高い日本語能力を身につけているので、業務委託《いたく》先との交渉《こうしょう》や技術の向上に貢献《こうけん》してくれそうです。

外国人を受け入れる日本企業《きぎょう》は規模や業

績によって4段階に分けられ、上場企業《きぎょう》など最上位カテゴリーの企業《きぎょう》ほど、申請《しんせい》書類は少なくてすみます。

依頼者との打ち合わせはじっくりと

私たち行政書士がお手伝いさせていただく企業《きぎょう》は中小企業《きぎょう》が多いため、会社の事業内容や経営状況《じょうきょう》についての書類をたくさん出す必要があります。

二人の中国人のビザ申請《しんせい》書類もかなり多くなりました。審査《しんさ》の重要な基準になるのは会社の経営状態と、従業員になる人の経歴です。幸いその会社は順調に実績を伸《の》ばしていましたし、お二人とも学校の出席率がほぼ100パーセント。素行がよく、成績も優秀《ゆうしゅう》でしたので、無事に「留学生」から就労ができる「技術・人文知識・国際業務」への在留資格変更《へんこう》許可をそれぞれ3年受けました。

滞在《たいざい》・結婚《けっこん》・永住、三度の手助け

つぎはスリランカ人男性の在留申請《しんせい》。自国の大学を卒業したあと、「1年間」の滞在《たいざい》資格で日本の企業《きぎょう》に就職した方です。許可期限を超《こ》えて日本に滞在《たいざい》するには、ビザを更新《こうしん》しなければなりません。その方は1年ずつの許可を何度か更新《こうしん》したあと、つぎの更新《こうしん》を私に依頼《いらい》してくれたのです。

まず、それまで1年の許可しか得られなかった原因を調べると、来日当初に住んでいた県で、住民税を滞納《たいのう》したままになっていることがわかりました。納税義務を果たしていることは、更新《こうしん》の要件のひとつです。そこでその地方の役所に滞納《たいのう》分の税金を支払ってもらい、その証明書を申請《しんせい》書とともに提出しました。

申請《しんせい》内容を補足する理由書の提出は義務ではありませんが、この方のような場合、税金の滞納《たいのう》など過去の経緯《けいい》を説明し、今後の在留の仕方について申請《しんせい》人の意思を記した文書を

添《そ》えて、審査《しんさ》担当官に事情を説明するようにしています。

在留資格に関する申請《しんせい》は、本人が直接言葉で訴《うった》えるのではなく、書類上の審査《しんさ》が原則ですので、どんな書類をそろえればいいかアドバイスするのも私たちの大事な仕事なのです。

この方は、その後日本人と結婚《けっこん》し、「日本人の配偶者《はいぐうしゃ》等」というビザに変更《へんこう》されました。

一般《いっぱん》に「ビザ」と言われる在留資格は、「活動系」と「身分系」に分けるとわかりやすいかもしれません。活動系在留資格は、日本で仕事や勉強をするなど、日本での活動がベースになった資格です。片や身分系在留資格とは、日本人と結婚《けっこん》したり、日本に住む外国人と結婚《けっこん》したり、日本人の子どもや孫として出生したなど、「身分」がベースになっています。

このスリランカの方は、日本人との結婚《けっこん》で、活動系から身分系の資格に変更《へんこう》したわけです。さらに、日本で「永住者」となるための申請《しんせい》も依頼《いらい》してくださいました。

日本で永住者になるためには、基本的に10年以上住んでいることが必要で、ほかにも経済的に安定していることなど、多くの条件で審査《しんさ》されます。

日本に住む外国人には、永住者の在留資格を得る人もいれば、帰化申請《しんせい》をする人もいます。永住者となっても国籍《こくせき》はもとのままですが、帰化をすると日本国籍《こくせき》になるので、もうもとの国籍《こくせき》には戻《もど》れません。

まさに人生にかかわる大転換《だいてんかん》なだけに、帰化許可申請《しんせい》は外国人にとって、もっともハードルが高い申請《しんせい》だと思います。

帰化申請《しんせい》は書類の厚さが30センチにも

帰化した人と言えば、みなさんの脳裏にすぐ浮《う》かぶのは日本の相撲《すもう》や野球の世界などで活躍《かつやく》し、その後も日本で仕事をしている人たちかもしれません。

依頼者のパスポートをチェックすることも

実際は一般《いっぱん》の方も大勢帰化しています。会社員であれば、書類をそろえやすいのですが、自営業や会社経営者となると書類の数も多くなり、職業柄《がら》、証明書類をそろえにくいこともあってハードルが高くなります。

私は帰化の仕事を数多くしているわけではありませんが、実際にかかわったアジアのある国出身の女性の例をご紹介《しょうかい》しましょう。

この方は日本人男性と結婚《けっこん》して子どもをもうけ、将来も日本での生活を希望されて帰化を決意しました。家族で海外旅行に行くとき、日本のパスポートを持っていない自分だけが渡航《とこう》ビザをとらなければならない不自由さも感じていた、とのことでした。

ひと昔《むかし》前に比べ、「帰化申請《しんせい》は簡単になった」と言われます。しかしそれでも、帰化の動機を記す書類から始まり、在留歴を証明する書類、勤務先や給与《きゅうよ》に関する証明書類、納税を証明する書類、親族に関する書類など、作成して提出する書類は山のようにあるのです。

書類の取得先も、区役所、市役所、税務署、法務局、年金事務所など何カ所にも及《およ》びます。なかでも申請《しんせい》許可において苦労するのは、帰化申請《しんせい》者の母国から取り寄せる書類です。

実は、日本のようにきちんと戸籍《こせき》が管理されている国はまれで、ほとんどの国には戸籍《こせき》制度すらありません。そのため申請《しんせい》者の親族関係を証明する書類を集めるのにひと苦労することも多いのです。

これらをすべてそろえた上で申請《しんせい》するのですから、「山のような書類」は決して比喩《ひゆ》ではないのです。先程お話ししたアジア人女性の帰化申請《しんせい》時は、書類の厚みが30センチにもなりました。手で持つには重すぎ、キャリーバッグに入れて申請《しんせい》に行ったほどです。

帰化申請《しんせい》はこのように、申請《しんせい》者にも行政書士にもハードルの高い作業なのです。

不正を見抜《みぬ》く力も試される

国際業務を続けていると、ときには怪《あや》しいケースにも出合います。たとえば偽装結婚《ぎそうけっこん》。「日本人の配偶者等《はいぐうしゃ》」の在留資格なら就労制限がないため、「結婚《けっこん》」を隠《かく》れ蓑《みの》にして日本で働こう、と画策する人がいるのです。そのため、日本人と結婚《けっこん》する外国人の申請《しんせい》については、その結婚《けっこん》が真実かどうかを厳しく審査《しんさ》されます。

たとえば、高齢《こうれい》の日本人男性の家に20歳《さい》前後の女性が国外から嫁《とつ》いでくる場合。あるいは逆に、高齢《こうれい》の日本人女性と20歳《さい》の外国人留学生が結婚《けっこん》を望んだ場合。在留資格に係る申《しん》請《せい》では、年齢《ねんれい》差のある二人がどこでどう知り合って結婚《けっこん》に至ったのか、経緯《けいい》や交際内容を入管に説明して、申請《しんせい》が真正であることを証明する必要があります。

しかし、国際結婚《けっこん》においては、少しでも依《い》頼《らい》者の話に不自然なところがあれば、私はお断りして、婚姻《こんいん》案件にくわしい行政書士を紹介《しょうかい》するようにしています。万が一申請《しんせい》に不正があった場合、私たち行政書士も罪に問われる可能性があるので、慎重《しんちょう》にならざるを得ないのです。

依頼《いらい》者の感謝が大きなやりがい

最後に、とても印象深く覚えているケースをお話しさせてください。アジア人ご家族の在留資格を申請《しんせい》したケースです。

このご家族はご主人の就労ビザで来日し、

定年を迎《むか》えたけれど、ずっと日本で暮《く》らしたい、というご希望でした。奥《おく》さんもご主人と同郷の外国人。日本生まれのお子さん二人も外国籍《がいこくせき》ですが、日本語しか話せません。家族で母国に里帰りしても、子どもたちは環境《かんきょう》に慣れず発疹《はっしん》が出てしまう。それでこのまま日本に定住し、子どもたちに日本で勉強を続けさせたいと。

申請のために法律を確認

日本の法律では、「働く」という「活動」ベースの在留資格で滞在《たいざい》していたご主人が、退職して働かなくなった時点で在留資格を失います。しかもご主人は某国《ぼうこく》大使館の職員で、「公用」という特殊《とくしゅ》な在留資格で日本に住んでいました。そのため、通常外国人にも発行される日本の住民票がありません。

このご家族にマッチする在留資格はなく、申請《しんせい》に必要な書類もそろわない状況《じょうきょう》でしたが、どうしてもあきらめきれませんでした。日本以外では暮《く》らしにくい子どもたちのために、なんとかしてあげたい。そこで、子どもたちに直筆の手紙を書いてもらい、申請《しんせい》書に添付《てんぷ》しました。

「私たちは日本語しか話せないし、今後も日本の学校で勉強を続けたい」

この手紙が功を奏したのかはわかりませんが、特別な事情があると判断され、許可が下りました。最初の申請《しんせい》から8カ月もあとのことです。

このケースはご家族のみなさんにたいへん感謝されましたし、私自身もご家族と何度もやりとりしただけに、いい結果を出せたことがすごくうれしかったです。

生活や人生のサポートができる

ここまで、苦労しながらも最後は成功した例をお話ししてきましたが、何度申請《しんせい》しても実らなかった例もあります。

多くの許可制度では、決められた書類をそろえれば許可が下りますが、在留資格申請《しんせい》では個人情報も細かく書類にしていかなければなりませんし、ほかの申請《しんせい》に比べ、審査《しんさ》官の裁量権が大きいと感じます。

また、留学生が就労できるビザに変更《へんこう》するため、年末から翌年3月にかけては申請《しんせい》者が増えるため、入管が非常に混雑し、ふだん以上に審《しん》査《さ》に時間がかかってしまいます。お客さまを何カ月もお待たせした上、申請《しんせい》が通らなかったことを伝えるときは心が痛みます。

でも、先程お話ししたご家族のような例があると、この仕事を選んでよかったと思います。日本で暮《く》らす外国人の生活、人生をサポートできる仕事ですから、やりがいは大きいです。

ドキュメント 2 建設業分野で活躍する行政書士

建設会社の顧問的な立場で申請や届出業務を受託

行政書士法人《ぎょうせいしょしほうじん》
佐藤事務所《さとうじむしょ》
佐藤義雄《さとうよしお》さん

佐藤さんの歩んだ道のり

自宅で行政書士事務所を開業していた父親の跡《あと》を継《つ》いだ二代目。父の時代から、建設業にかかわる業務に特化。数百社の顧客《こきゃく》をもち、会社の顧問《こもん》的な立場でアドバイスもしながら、建設業の許可申請《しんせい》、入札業者の申請《しんせい》、決算変更《へんこう》届の提出などの業務を遂行《すいこう》している。信用金庫で営業と融資《ゆうし》を担当していた経験を、行政書士の仕事に役立てている。趣味《しゅみ》はサーフィン。

依頼《いらい》者の「夢《ゆめ》」を実現させたい

住宅や学校、橋、道路など生活に欠かせない物をつくる建設業者には、厳しい審査《しんさ》が行われます。

手抜《てぬ》きをする業者を排除《はいじょ》し、正確で誠実な工事を行う業者を選ぶため、一定金額以上の工事を請《う》け負う建設会社は、国土交通《こくどこうつう》大臣か都道府県知事の許可を受ける決まりです。

建設業とひと口に言っても、法律では建築工事業、土木工事業、電気工事業、舗装《ほそう》工事業、内装《ないそう》仕上工事業など、29の業種に分かれています。

ですから三つの業種を手がけたい業者は、3業種の要件を満たして申請《しんせい》をする必要があるのです。

では、許可申請《しんせい》の流れを実例でご説明しましょう。以前から取引のあるIさんから、会社の設立を伴《ともな》う依頼《いらい》を受けた例です。

Iさんは個人で土木工事業の許可をとり、下請《したうけ》工事を中心に事業を行っていましたが、売り上げと従業員が増え、こう考えました。

「法人化して、元請《もとうけ》業者として公共事業を手がけたい」

法人化とは株式会社にすることで、これは難しくありません。社名、本社の場所、資本金、役員などを決めていきます。

この時点では、みなさん前途洋々《ぜんとようよう》。輝《かがや》かしい未来を思い描《えが》いて、夢《ゆめ》がふくらんでいますから、打ち合わせも楽しく進みます。ところがそのあとで建設業の許可をとる段になると、厳しい条件と大量の書類作成が待ち構えているのです。

話し合いを重ねながら書類を作成

建設業の許可を得るためには、個人でも会社でも、つぎの5要件を満たさなければなりません。

1 経営業務の管理責任者がいる
2 専任技術者を営業所ごとに置いている
3 請負契約《うけおいけいやく》に関して誠実性を有している
4 財産的基礎《きそ》を有している
5 欠格要件等に該当《がいとう》しない

私たち行政書士は、それぞれの要件について依頼《いらい》者に確認し、申請《しんせい》書類を作成します。Iさんの場合、すでに個人で許可をとっていたので、法人化を依頼《いらい》してきた時点で五つの要件はすべてクリアしていました。

しかし、ひとつだけ問題が残っています。会社で許可を取得するためには、もとのIさんの許可を「廃業《はいぎょう》」し、同時に会社での申請《しん》をしなければなりません。会社での許可が下りるまで、通常1カ月半ほど。その間、Iさんの会社は工事が請《う》け負えなくなります。

その期間の乗り切り方をIさんと相談した上で、法人での申請《しんせい》を行いました。行政書士は書類作成の専門家ですが、単に依頼《いらい》者の言う通りに書類を書くわけではなく、依頼《いらい》者と十分話し合い、相談に乗りつつ、指導しながら申請《しんせい》書類を完成させていくのです。

顧客《こきゃく》と「喜び」を共有する

Iさんの会社は無事法人で会社の許可を取得できました。つぎはもうひとつの望みである「入札業者」の認定申請《しんせい》です。この書類作成や役所への提出も、私たち行政書士が代理で行います。

入札とは工事の発注者に数社が見積もり価格を提出し、受注を争うシステムのこと。公共事業では各自治体に認定された入札業者間で競います。

Iさんが希望していたのは、某市《ぼうし》の認定入札業者でしたが、経営事項《じこう》審査《しんさ》申請《しんせい》は建設業許可を受けた国か都道府県で受審《じゅしん》することになります。

経営事項《じこう》審査《しんさ》とは、公共工事の請《う》け負いを希望する建設業者が受ける審査《しんさ》です。この審《しん》査《さ》では財務内容、完成工事高など、法令で定められている客観的事項《じこう》の数値「客観点」を算出します。

一方、入札業者の申請《しんせい》は競争入札参加資格認定申請《しんせい》と言い、工事の発注者となる自治体が独自に査定します。地域性やその地域における申請《しんせい》者の工事成績などを踏《ふ》まえ、「主観点」を算出します。

客観点と主観点、この二つを足した総合点

申請のために県庁を訪れます

取材先提供

をもとに、申請者をいくつかの等級に区分し、認定していく仕組みです。

区分は自治体によって異なりますが、その県の場合はＡＢＣＤと四つの等級に分けられます。最高のＡランクは大規模工事の入札に参加できますが、零細企業《れいさいきぎょう》の場合はＡランクをとっても会社の規模に見合いません。そのため申請《しんせい》の前に、十分な打ち合わせが必要になります。

Ｉさんの会社もこうした手続きを経て認定を受け、望み通り某市《ぼうし》への入札参加を開始しました。

ただし、入札業者になったからといって、すぐに公共事業を受注できるとは限りません。中小規模の建設会社は数が多く、競争が極めて激《はげ》しい。それだけにＩさんから「市の事業をはじめて落札（受注）しました！」という知らせを受けたときは、自分のことのようにうれしかったです。

顧問《こもん》会社の申請《しんせい》期日を管理する

建設業者は届出や更新申請《こうしんしんせい》を定期的に行っています。たとえば建設業の許可を受けている国・都道府県に、決算の変更届《へんこうとどけ》を毎年提出する。このとき、財務諸表のほか、受注した工事履歴《りれき》なども提出します。

また、建設業の許可は、５年に一度の許可更新申請《こうしんしんせい》が必要です。認定入札業者の資格も、定期的に認定の更新《こうしん》が必要となります。経営事項審査《じこうしんさ》も、決算期を迎《むか》えるつど受け直さなければなりません。

営業所の移転、役員や資本金の変更《へんこう》なども必ず変更届《へんこうとどけ》を出す決まりで、会社によっては一年に何度も変更届《へんこうとどけ》を出しています。

会社にゆとりがあれば、自社の従業員が書類作成や役所での申請《しんせい》を行えるでしょう。しかし、私の得意先は大半が中小企業《きぎょう》。社長が一人何役もこなし、従業員の仕事にも目配りをしているため、更新申請《こうしんしんせい》の期日さえ忘れてしまいがちです。そこで私たちは会社の経営戦略の相談や変更届《へんこうとどけ》を引き受けながら、期日が近づくと、「そろそろ更新《こうしん》の時期ですね」と声をかけています。

電話で飛び込みの依頼を受けることも　取材先提供

飛び込《こ》みの無理な依頼《いらい》も断らない

「すみません、先生。実は2日後に許可が切れるんです。なんとかお願いします！」

あるとき、こんな電話が事務所にかかってきました。建設業の更新申請《こうしんしんせい》書類を2日で仕上げるなど、無理な相談です。しかも、相手はまったくおつきあいのない方でした。

でも、お引き受けしました。電話の声が切《せっ》羽詰《ぱつ》まっていましたし、焦《あせ》る気持ちが痛いほど伝わってきたからです。

「わかりました。すぐお会いできますか？」

そう聞くと、今は仕事で遠くの現場にいるとのことで、結局その方・Tさんに面会できたのは真夜中近くでした。Tさんの会社で事情をうかがい、書類を確認すると、毎年提出が義務づけられている決算の変更届《へんこうとどけ》も5年分怠《おこた》っていることがわかりました。建設業の許可だけではなく、決算の書類も5年分作成する必要があります。

冷《ひ》や汗《あせ》が出る思いでしたが、今さら「やはりお断りします」とは言えません。書類をすべてお預かりして事務所へ戻《もど》り、朝まで作業しました。翌日は必要な書類を集め、書き込《こ》み、再びTさんの会社に行って必要書類に印《いん》鑑《かん》を押《お》してもらい、期日ぎりぎりで間に合わせました。

このとき、作成した書類は100枚以上。申請《しんせい》書類は専用ソフトで比較的《ひかくてき》楽に作成できますが、決算書類は年度ごとの事業内容などを手作業で入力しなければなりません。ほぼ2日間、徹夜《てつや》で働きました。

Tさんのケースは特殊《とくしゅ》ですが、建設業にかかわる行政書士には、入札の申請《しんせい》期間など仕事が立て込《こ》む時期が一年に何度かあります。でも、終われば依頼《いらい》者に喜んでいただける。それが励《はげ》みになります。

ところで、Tさんはなぜ私の事務所に仕事を依頼《いらい》してきたのか。たずねてみると、Tさんのお父さんがどこかで私と名刺交換《めいしこうかん》をしたことがあり、「父から佐藤事務所の名刺《めいし》をもらいました」とのことでした。

ご縁《えん》はどこでどうつながっていくかわかりません。そう思うと人とのおつきあいを大事にしよう、と気が引き締《し》まります。

大事なことは直接会って話す

顧客《こきゃく》のなかでも懇意《こんい》にしている会社の社長さんとは、頻繁《ひんぱん》に会っています。特に法律が改正されたときなど、いち早く正確な情報をお知らせしたい。やはり大事な話はメールより直接お会いして話したいですね。

法律の改正時は、依頼《いらい》者からの質問も殺到《さっとう》します。近年の例では、建設業の種類に「解体工事」が加わったときがそうでした。

「どんな要件を満たせばその許可がとれますか?」「うちの会社は今のままで解体工事を請《う》け負えますか?」

多くの社長さんから連絡《れんらく》がありました。こういうとき、質問や相談に即答《そくとう》できるのが理想です。そのため、日頃《ひごろ》から個々の会社の事情を把握《はあく》し、新しい法についての知識を頭に入れておくようにしています。

行政書士が会社と顧問契約《こもんけいやく》を結ぶケースは稀《まれ》です。私の場合も案件ごとの契約《けいやく》ですが、実質は顧問《こもん》あるいはアドバイザーのような存在になりたいと思っています。

経理に明るいことが利点

私の事務所は父の代から建設業一本に絞《しぼ》っていましたので、顧客《こきゃく》リストには数百社の社名が並《なら》んでいます。私が事務所を引き継《つ》いでからも、ほかの分野を開拓《かいたく》するより建設業を優先して仕事を進めてきました。

依頼《いらい》者を大事にすると、その人が誰《だれ》かを紹介《しょうかい》してくれます。そんなとき、「信頼《しんらい》されている」と感じますが、この気持ちはサラリーマン時代には味わえないものでした。

私がかかわったことが依頼《いらい》者の会社の利益につながり、感謝の気持ちが直接私の報酬《ほうしゅう》になって返ってくる。これもサラリーマン時代には体験できなかった喜びです。

行政書士になる前、私は信用金庫に勤めていました。大学を卒業する年は「就職氷河期」でしたが、部活でヨットに熱中していた私は、就職活動もしていませんでした。

できれば百貨店などの流通業界で働きたい。漠然《ばくぜん》とそう思っていましたが、希望していた企業《きぎょう》はその年新入社員の募集《ぼしゅう》がなく、金融《きんゆう》機関を選びました。さまざまな企業《きぎょう》の方と出会えるので世の中の仕組みがわかるかな、と思ったのが志望動機でした。

信用金庫では外回りの営業と融資《ゆうし》部門で働きましたが、結果としてそれが今の仕事にたいへん役立っています。

営業でお客さまとの会話術がある程度身につきましたし、融資《ゆうし》担当時代には決算書をざっと見ただけでよし悪しが判断できるようになりました。先程お話しした経営事項審査《じこうしんさ》では財務内容のウエートが大きいので、そこにも信金時代に培《つちか》ったことが生きています。

自然に父と同じ道を選択《せんたく》

退職を決意した理由は、一人で専門的な仕事をしたくなったことです。では自分に何ができるのかと考えたとき、父が営んでいる行政書士事務所を思い出しました。行政書士の仕事はあまり知りませんでしたが、にわかに興味がわいたのです。

当時は信金で働いていましたので、勤めながら試験勉強を始めました。そして1年目、独学で受けた試験は歯が立たず不合格。通信

講座で学んだ2年目は、惜《お》しい点数で不合格。3年目は専門学校に通い、通勤電車でも参考

申請書類は膨大な量になります 取材先提供

書を開き、ひたすら勉強しました。信金の仕事も忙《いそが》しく、家に帰ると疲《つか》れてすぐ寝《ね》てしまうので、電車のなかが、私の最高の勉強場所でした。

合格後、父といっしょに働き始めました。父も信金勤めから行政書士に転身したので、父の歩んだ道を踏襲《とうしゅう》したことになります。

今こうして忙《いそが》しく働いているのも、土台を築いてくれた父のおかげです。安定した収入を得られる信金を辞めることに賛成してくれた妻にも感謝しています。

仕事の規模を急激《きゅうげき》に広げることより、今のお客さまを大事にして、自分ができることを多くしていくのが今の望みです。

ドキュメント 3 医療・福祉分野で活躍する行政書士

行政書士業務の新分野を開拓し、「頼れる便利屋さん」になりたい

笹《ささ》森《もり》行《ぎょう》政《せい》書《しょ》士《し》事《じ》務《む》所《しょ》
笹《ささ》森《もり》浩《ひろ》史《し》さん

笹森さんの歩んだ道のり

中学生時代、家族が交通事故を起こしたことがきっかけで「法律家になる」と決意。大学の法学部を卒業後、司法書士事務所に就職。働きながら司法書士試験に挑《いど》んだが、先に行政書士試験に合格し、行政書士として独立した。開拓《かいたく》精神旺盛《おうせい》で、中心業務は比較的《ひかくてき》参入者が少ない医療《いりょう》や福祉《ふくし》事業所の開設関係申請《しんせい》。中学時代からの念願だった交通事故案件も手がける。

医療《いりょう》法人の申請《しんせい》業務に参入

税理士や司法書士など士業は、法律で仕事の範囲《はんい》が明確に定められています。でも、行政書士と弁護士だけはその逆。法律でほかの士業が独占的《どくせんてき》に取り扱《あつか》える領域以外の法的業務はすべて行えるのです。

僕《ぼく》がメーンで手がけている仕事は、医療《いりょう》関係の許認可業務。行政書士では、比較的《ひかくてき》取り扱《あつか》いをしている方が少ない分野です。

最初の依頼《いらい》者は、旧知の内装《ないそう》工事会社でした。この会社が駅前ビルのオーナーになり、ビルの全フロアにクリニック（診療所《しんりょうじょ》）を誘致《ゆうち》して、クリニック開設関係の業務を僕《ぼく》に頼《たの》んでくれたのです。

「これも行政書士の職務範囲《はんい》ですよね？」と聞かれて「はい！」と答えたものの、当時の僕《ぼく》には何の知識も経験もありません。

手探りで始めてみると、個人クリニック開業の申請《しんせい》自体は思いのほか難しくありませんでした。診療所《しんりょうじょ》の平面図や備品一覧《いちらん》、医師免許証《めんきょしょう》など必要な書類を提示し、地域の保健所に開設届を提出するだけでいいのです。

クリニックビル経営を軌道《きどう》に乗せた内装《ないそう》工事会社からはその後もクリニックの開業申請《しんせい》依頼《いらい》が続き、その縁《えん》で知り合ったお医者さんからも、依頼《いらい》や相談をもち込まれるようになっていきました。

たとえば眼科クリニックから「コンタクトレンズの販売《はんばい》許可をとりたい」、内科クリニックから「院内で薬を売りたいので、薬局開業の許可をとってほしい」などです。

業績を伸《の》ばしたクリニックからは、法人設立申請《しんせい》を頼《たの》まれました。収入が一定額を超《こ》えると所得税も高くなるので、個人経営から医《い》療《りょう》法人にしたほうが節税できるのです。

医療《いりょう》コンサルタント的な役割も

クリニックの法人化には、都道府県知事の認可がいります。ほかの許認可申請《しんせい》と同じように、「人物、物、資金」がそろっていることを証明する書類を提出するのです。

申請《しんせい》書類は設立者の履歴《りれき》書、役員名簿《めいぼ》、医《い》療《りょう》に従事する医師の免許証《めんきょしょう》のコピー、土地や建物の登記記録やクリニックの平面図など、数十種類にのぼります。

最低2カ月分の運転資金があることなど、金銭面の規定もあり、すべての要件を満たしていなければなりません。何か欠けているときは、僕《ぼく》も解決方法を考えます。

たとえば資金が足りない場合、「医師会からお金を借りてはいかがですか？」と提案したり、申請《しんせい》書類を作成するだけでなく、医《い》療《りょう》関連の法律や知識をもとに、アドバイザー的な役割も担うのです。

医療《いりょう》法人の申請《しんせい》は、一般《いっぱん》に公認会計士や医療《いりょう》コンサルタントが手がけ、行政書士でこの分野に特化している人は少数だと思います。僕《ぼく》自身、従前からおつきあいのあった依《い》頼《らい》者の頼《たの》みで始めた仕事ですが、開業をサポートしたクリニックが成功するのを間近で見られるうれしさは格別です。

医院のアドバイザーも兼《か》ねてサポート

ひとつ具体例をあげましょう。数年ほど前、首都圏《けん》のある地域で美容整形外科専門クリニックの開業申請《しんせい》を依頼《いらい》されました。

院長は医師としての経験は豊富ですが、医

申請のために依頼者と知恵を絞ります

院経営ははじめて。僕《ぼく》も美容整形外科クリニックの開業申請《しんせい》ははじめてで、いっしょに知《ち》恵《え》を絞《しぼ》りながら準備を進めました。

内科、外科など一般的《いっぱんてき》な診療《しんりょう》科とは異なり、美容整形外科は自由診療《しんりょう》がほとんどで、保険診療《しんりょう》はごくわずかです。

保険診療《しんりょう》では診療《しんりょう》料金の一部を国が負担してくれますが、自由診療《しんりょう》は料金のすべてが患者《かんじゃ》さんの負担。つまり患者《かんじゃ》さんの支払いは高額になりますから、料金や治療《ちりょう》をめぐるトラブルは絶対避《さ》けたい。そこで、クリニックでは懇切丁寧《こんせつていねい》な説明をモットーとし、患《かん》者《じゃ》さんに説明を理解したことを記入してもらう誓約書《せいやくしょ》もつくったのです。

幸いこのクリニックは患者《かんじゃ》さんが数多く集まり、1年後には法人化しました。このとき、僕《ぼく》はクリニックのアドバイザーとして週に2、

3日出勤し、会計や人事面も見ながら、行政書士として法人化の申請《しんせい》手続きを準備していったのです。

この時期、院長からはある変更申請《へんこうしんせい》の依頼《いらい》がありました。通常では難しい案件でしたので、申請《しんせい》先の保健所と打ち合わせを重ね、変《へん》更《こう》しても支障がないように、いくつかの工夫を提案して実現に至りました。

申請《しんせい》がうまくいかないとき、改善案をたずねても、役所は何も答えてくれません。こちらで具体的な改善案を練り、進めることが重要です。そのため行政書士には、依頼《いらい》者と頻《ひん》繁《ぱん》に相談したり、成功に導く方法を探し出すアイデアが求められるのです。

福祉施設《ふくししせつ》の申請《しんせい》業務を新たに開拓《かいたく》

ここ数年、医療《いりょう》関連の仕事以上に増えてきたのは「放課後等デイサービス」の指定という開設申請《しんせい》です。

この施設《しせつ》は児童福祉《ふくし》法を根拠《こんきょ》にした通所事業所で、障害児など集団生活になじめない小学生から高校生までを預かり、学童保育と同じように支援《しえん》や指導を行います。

現在全国的に需要《じゅよう》が高まり、各地で開設が進んでいます。建設会社など福祉《ふくし》業界以外からの参入も増え、開設のノウハウから相談されることが多くなってきました。

開設には、実務経験と関連の研修を修了《しゅうりょう》した児童発達支援《しえん》管理責任者がいること、スタッフの半数以上が児童指導員の資格をもっていることなどの条件があります。しかし、条件は数年ごとに変わり、毎回厳しくなっていくので、真っ先に情報を仕入れ、以前から依頼《いらい》をいただいている方々にお知らせしたり、アドバイスを送っています。

家族の交通事故で進路を決めた

法律にかかわる仕事に就きたい、と考えたのは中学生のときでした。きっかけは母親の交通事故。母が原付バイクで幼い子どもにケガを負わせてしまったのです。幸いケガは治りましたが、その後数年経ったとき、相手のご両親から激《はげ》しいクレームを受け、僕《ぼく》の家族もつらい思いをしました。

こういうとき法律を知っていれば、いい解決の方法が見つかるだろう。その思いから大学は法学部に進み、弁護士をめざして司法試験に挑《いど》みました。しかし壁《かべ》は厚く、卒業後は司法書士事務所に就職。この事務所の所長や先輩《せんぱい》から行政書士試験へのチャレンジを勧《すす》められたことで、行政書士への道が拓《ひら》けました。

一度目の受験で行政書士試験に受かったとき、所長と先輩《せんぱい》が「すぐに独立して行政書士事務所を開いたほうがいい」とアドバイスをしてくれたのです。

司法書士は行政書士と組む仕事もあるので、仕事を紹介《しょうかい》するなど「独立後も援助《えんじょ》する」と、所長からありがたい言葉をいただいたことで、独立に踏《ふ》み切れたと感謝しています。

それでも当初は、「八百屋《やおや》さんになる修業をしたのに魚屋さんになってしまった」という思いがありましたが、仕事を始めてみると行政書士に大きな魅力《みりょく》を感じました。できる業務が幅広《はばひろ》く、自分しだいでいくらでも新しい分野を開拓《かいたく》していける、とわかったからです。

法律関係に進む原点の交通事故案件も、行政書士資格でできる分野があります。これを知ったときは、本当にうれしかった。

最初に引き受けた交通事故案件は、車に轢《ひ》かれて大ケガを負ったイヌの損害賠償請求《ばいしょうせいきゅう》でした。

保険会社側は「加害者に100パーセント過失はない」との言い分でしたが、僕《ぼく》は正しく計算し直して依頼者《いらい》に報告できました。その後も何度か交通事故案件をお引き受けしていますが、そのたびに感動して熱くなる自分がいます。原点は大事ですね。

「成年後見」「見守り」で弱者を守る

僕《ぼく》に仕事や相談をもちかける方々は、「行政書士だから」ではなく、「相談すれば何とかしてくれる人だから」と思ってくれている気がします。つまり、いちばん身近な便利屋さん的な存在です。

行政書士とは、そういう存在でいいと思います。とはいえ国家資格なのです。行政書士の資格でできることは何でもやるつもりですし、自分がお役に立てるのであれば、喜んで力になりたい。

成年後見の仕事は、そんな思いで始めました。病気などの理由で判断力が低下している人を支援《しえん》する仕事です。家庭裁判所から認められれば誰《だれ》でも成年後見人になれますが、行政書士の多くが進んでこの仕事をしています。

現在数人の成年後見人となっていますが、そのご縁《えん》で「見守り」もするようになりました。見守りとは、後見の少し手前。一人暮《ぐ》らしの高齢者《こうれい》などの健康状態や生活全般《ぜんぱん》を、文字通り「見守る」仕事で、「心身機能の衰《おとろ》えがより進んだら成年後見に切り替《か》える」ことが前提となっています。

見守りを依頼《いらい》してくれたのはお寺の住職で、「檀家《だんか》さんで見守りをしてあげてほしい人がいる」とご相談があったのです。

住職の紹介《しょうかい》で出会ったAさんは、元教員でとてもしっかりした90代の女性。Aさんとは見守り契約《けいやく》を交わし、月に一度会ってお話ししたり、お食事をしています。

若輩《じゃくはい》の僕《ぼく》の話を熱心に聞き、「私もまだまだ勉強だわ」と謙虚《けんきょ》で、学ぶ姿勢を忘れないAさん。毎回僕《ぼく》のほうが学ばせてもらっています。

時代ごとに新しい仕事が増える

行政書士になってから、人との出会いに恵《めぐ》まれてきたと思います。というより、行政書士という仕事が、すてきな人にたくさん出会える仕事なのかもしれません。

行政書士会や地元の商工会議所で出会う方々にも助けられてきました。行政書士は職

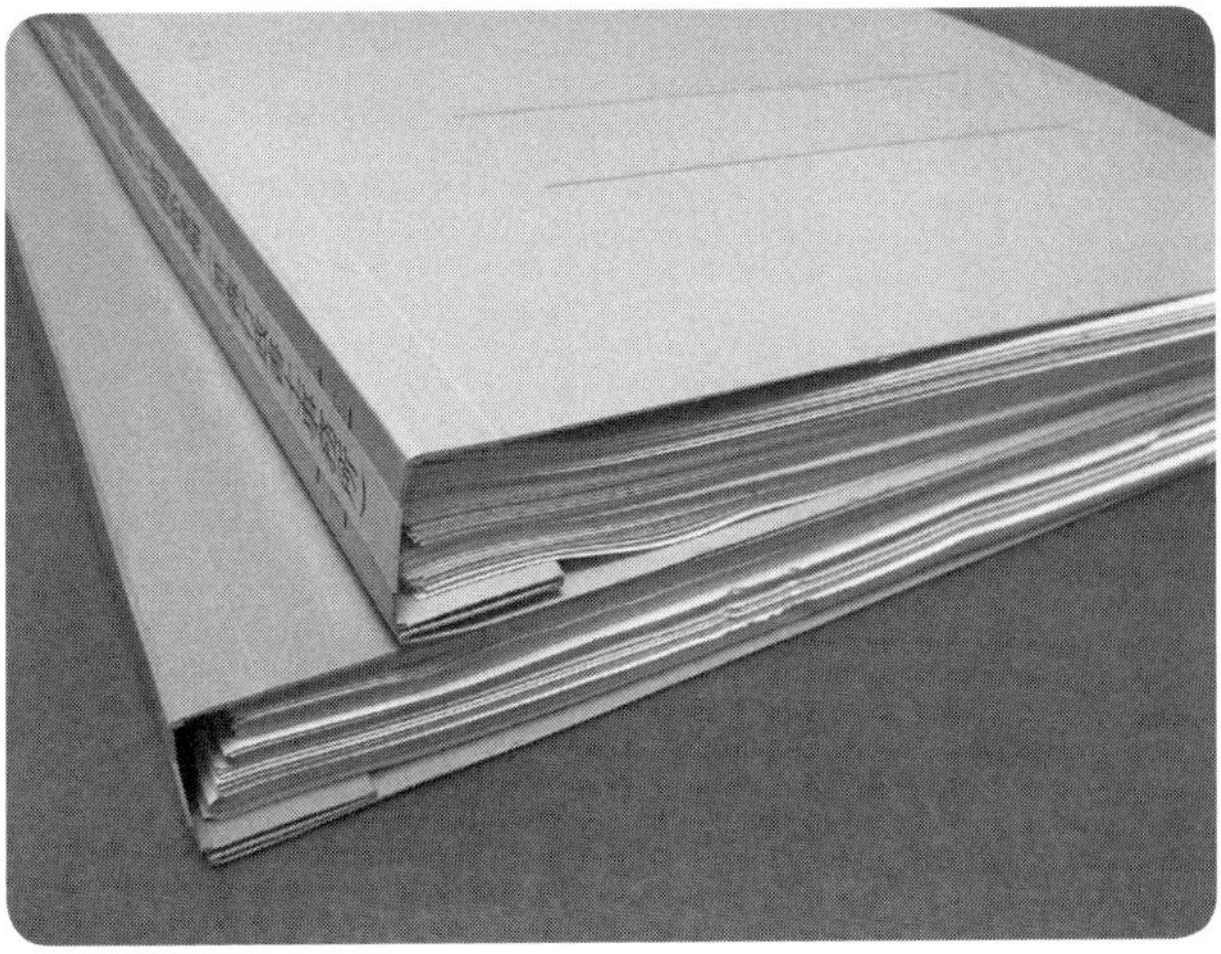

一件当たりの資料は少なくともファイル2冊になります

域が広い上、ほかの業界からの転職者が多いので、各地の行政書士会で交流会や勉強会が盛《さか》んに開かれています。

僕《ぼく》も最初は積極的に県の行政書士会が行う研修会や任意の勉強会に参加し、先輩《せんぱい》や同期から教わったり、いっしょに研鑽《けんさん》を積んできました。これからは後輩《こうはい》のめんどうを見ることで、行政書士会や先輩《せんぱい》に恩返しをしたいと考えています。

行政書士になる前に勤めていた司法書士事務所の所長にも、たいへんかわいがってもらいました。放任主義の所長は新米の僕《ぼく》に何でも自由にやらせ、作業が滞《とどこお》ったり失敗したときに助け船を出してくれる人でした。

所長の教育方針をまねて後輩《こうはい》を育てたい。そう思っていますが、せっかちの僕《ぼく》はすぐに教えてしまったり、途中《とちゅう》で怒《おこ》ってしまいます。でも、怒《おこ》られたときに本気で食ってかかってくる気骨のある後輩《こうはい》を見つけたら、徹底《てってい》的《てき》に育てたいですね。

これからの行政書士には、新分野をみずから開拓《かいたく》していく積極性が求められます。社会はすさまじいスピードで進化していますが、そこに新しい仕事もあるはずです。

現在、県の行政書士会の部会に所属し、新規業務の開拓《かいたく》や研究をしています。民泊《みんぱく》施設《しせつ》開設の許可申請《しんせい》、空き家の所有者調査などが、新業務として有力です。

もっと地元の人の役に立ちたい

行政書士の仕事で唯一《ゆいいつ》つらいことがあるとすれば、忙《いそが》しすぎることです。いや、これは職業のせいではなく、僕《ぼく》自身の仕事の仕方の問題ですね。

仕事が立て込んで事務所に缶詰めになることも

今の事務所は自宅から数分の距離《きょり》ですが、家でのんびりできる時間がほとんどない。食事は自宅でとるのですが、仕事が立て込《こ》む時期は夕食後に事務所へ引き返し、朝まで仕事をする日もあります。

スポット的に手伝ってくださる方がいますが、常時、補助者（事務員）を雇《やと》うなど、対策を考える時期にきているのかもしれません。

忙《いそが》しい生活の息抜《いきぬ》きは野球観戦です。神奈川《かながわ》県生まれの僕《ぼく》は大の横浜《よこはま》D《ディー》e N《エヌ》A《エー》ベイスターズファン。時間をつくり出して球場で応援《おうえん》するのが何よりの楽しみです。

プライベートでの夢《ゆめ》を聞かれたら、横浜スタジアムの間近に住んで、ホームゲームを全試合球場で応援《おうえん》すること、と答えます。

行政書士としての夢《ゆめ》や理想像はあまり考えたことがなく答えに困りますが、強いて言えば何でも気軽に相談できるような存在として、もっともっと地域の人の役に立ちたいです。

ドキュメント 4

運送業分野で活躍する行政書士

仕事も、オフタイムも、自動車への情熱が原動力

行政書士《ぎょうせいしょし》中島《なかじま》弘太郎《こうたろう》事務所《じむしょ》

中《なか》島《じま》弘《こう》太《た》郎《ろう》さん

中島さんの歩んだ道のり

大学の法学部で法律を学ぶ傍《かたわ》ら、父親が営む行政書士事務所でアルバイト。父親に突然《とつぜん》「引退して田舎《いなか》で暮《く》らす」と宣言され、熟考の末、行政書士の道を選んだ。現在は、運送業の許認可、特殊《とくしゅ》車両の通行許可など、自動車を使用した運輸関連業務を幅広《はばひろ》く手がける。運送業関連の仕事に特化する行政書士仲間とは、地域を超《こ》えて連携《れんけい》し、勉強会、情報交換《こうかん》会を行う。

父親の行政書士事務所を継承《けいしょう》する

自動車の登録などを行う陸運局の近くには、たいてい行政書士事務所があります。自動車の新規登録や変更《へんこう》登録などは、昔《むかし》から行政書士が専門に手がけてきたのです。

神奈川県川崎《かわさき》市にある私の事務所も陸運局の正門前にあり、やはり自動車関連の業務に特化しています。もとはと言えば40年ほど前に、私の父親が始めた小さな事務所です。

私は、学生時代からアルバイトで行政書士の仕事を手伝っていましたし、自分自身もバイクや車が大好きでした。在学中には任意サークルの国家資格研究会に在籍《ざいせき》していたこともあり、当然のように行政書士試験を受け、合格しました。

と言っても、仕事の中身は父の時代とはだいぶ異なります。父は自動車登録の仕事だけをしていました。平成の初期のころまではそれだけで忙《いそが》しく、十分な収入も得られたのです。

自動車登録は引き続き行っていますが、それ以外にも業務を広げなければ厳しい時代になりました。今は貨物自動車運送事業の許可申請《しんせい》、営業所や車庫の新設、特殊《とくしゅ》車両の通行許可申請《しんせい》など、自動車関連業務を幅広《はばひろ》く手がけています。

地の利を活かして運送業に特化

自動車を利用した運送業にはバスやタクシーなど人を運搬《うんぱん》する事業も含《ふく》まれますが、私が行っているのは主に「物」を運ぶ貨物運送事業の許可申請《しんせい》業務です。この事業に参入するには、最低5台の車両をそろえなければなりません。さらに、営業所や駐車場《ちゅうしゃじょう》があること、運行管理者や整備管理者のほかに必要とされる人数の運転手がいること、スタート当初の運転資金が十分に用意されていることなど、さまざまな要件が定められています。

運送業を始めるのは、大半が運送会社の元従業員など、運送関連の仕事に従事していた方です。そのため、みなさん実務には精通しているのですが、開業許可要件を満たすのは簡単ではありません。

特に車両を5台そろえるのに苦心している方が多い。そんな場合、日頃《ひごろ》からいっしょに勉強会を開いている中古車販売《はんばい》店やリース会社をご紹介《しょうかい》することもあります。運送業者は、自社所有の車両をもたず、すべてリース車で営業している会社も多いのです。

一時抹消《まっしょう》登録ずみの中古車を買って事業を始める業者には、「買ったあとナンバープレートをつけないまま所有者変更記録《へんこう》の申請《しんせい》をすると、すでに自社所有していることになり、資金計上する必要がなくなりますよ」などとアドバイスをしながら申請《しんせい》の準備を進めていきます。

許可申請《しんせい》書を提出する場所は、営業所がある地域を管轄《かんかつ》している運輸支局。神奈川県の場合は横浜市都筑《つづき》区にある神奈川運輸支局です。無事に許可が下りると、法令で定められている各種の届出を経て事業用の緑ナンバーがあたえられ、事業が開始できます。

ちなみに運送業の車両には黒地に黄色文字ナンバーもあります、これは軽自動車です。軽自動車を使用する場合は、運送業許可を申《しん》請《せい》する必要はなく、届出だけで始められます。

専門が同じ仲間と情報交換《こうかん》

トラックを使う運送業は、貨物自動車運送

顧客から許可申請の依頼を受けます

事業法に則って運営されますが、実務上の取り扱《あつか》いがたびたび変更《へんこう》されることがあって悩《なや》ましい。トラック事故が報道されると、すぐ改正が行われる感触《かんしょく》です。２０１９年には大きな改正がありました。

法令に違反《いはん》した事業者の参入規制の厳格化、許可の際の基準の明確化、事業の適確な遂行《すいこう》のための遵守《じゅんしゅ》義務の新設……などなど、変《へん》更《こう》のポイントはいくつかありますが、全体的に「以前よりかなり厳しく」なりました。

ただ、荷主に対する国の働きかけなどの規定の新設は、運送事業者にとって朗報《ろうほう》と言えます。

これからもいろいろなことが変化していくのでしょう。そこで、関東圏《けん》で運輸業務に特化している行政書士仲間とともに、対策を常に考えています。彼《かれ》らとはこれまでも定期的に勉強会を開き、新情報の交換《こうかん》もしています。新規参入の門が狭《せま》くなりつつある状況《じょうきょう》下で、われわれが顧客《こきゃく》のためにできることは何か。ますますみんなで知恵《ちえ》を絞《しぼ》っていかなければなりません。

法令試験に臨む依頼《いらい》者への説明

運送事業専門の行政書士仲間とは、運送業の法令試験についての勉強会や情報交換《こうかん》も常にしています。安全管理のために設けられた法令試験は、会社の常勤役員が必ず受けなければなりません。試験が要件になっている許認可は少ないですが、貨物運送業はこのペーパー試験にパスすることが求められています。

出題は30問、制限時間は50分。以前は過去問が公開され、試験会場に資料を持ち込《こ》むことも許されていましたが、今はどちらも禁止です。問題自体も以前より格段に難しくなりました。

試験会場で唯一《ゆいいつ》参照可能なものは、当日貸《たい》与《よ》される法令条文集だけなので、限られた時間のなかですべて正解するのは至難の業《わざ》です。そこで運送事業業務に特化している私たちが、最近の試験傾向《けいこう》や運送業者として覚えておくべき大事なポイントを、受験者に説明することもあります。

試験の難易度や傾向《けいこう》をいち早くつかむことは、とうてい一人ではできません。それぞれが可能な限り情報を収集し、仲間と共有して受験者に有利に働くよう心がけています。仕事熱心で信頼《しんらい》できる仲間のありがたさが身にしみるのはこんなときです。

法律や試験の傾向《けいこう》だけでなく、運輸業界そのものも時代に合わせて目まぐるしく変わっていきます。正しい情報をいかに素早く仕入れ、それをどう顧客《こきゃく》のみなさんに還元《かんげん》できるか。運輸業務を専門とする行政書士として、プロの意地とプライドをかけています。

顧問《こもん》行政書士としての役割

申請《しんせい》時におつきあいした業者さんの多くは、そのあとも仕事を依頼《いらい》してくれます。運送事業許可の更新《こうしん》は必要ないのですが、毎年管轄《かんかつ》の運輸局に事業報告書と輸送実績報告書を提出する義務があります。

決算報告書の提出期日は、事業者それぞれの決算月によってばらばら。輸送実績報告書は例年7月10日までに提出する決まりです。規模の小さな会社では、こうした報告書の準備がなかなかできません。そこで私たちの出番となります。

どこまでかかわるかは会社ごとに違《ちが》いますが、顧客《こきゃく》会社の半数以上とは「相談に乗り、的確なアドバイスを行う」顧問《こもん》的な行政書士として契約《けいやく》を結んでいます。

顧問《こもん》として関与《かんよ》している会社のスタッフからは、さまざまな相談を受けます。なかでも

陸運局の正門前にある中島さんの事務所

多いのはコンプライアンス（法令遵守《じゅんしゅ》）関連。

「うちの事業形態が法の趣旨《しゅし》に則ったものかどうか、診断《しんだん》してほしい」

という依頼《いらい》が増えました。これに対しては、半日から丸一日かけて会社の帳簿《ちょうぼ》を調べ、社長の話を聞いてコンプライアンス診断《しんだん》をしますが、細かい点を見逃《みのが》している会社が予想以上にあります。

一例をあげると、認定を受けた車庫を使わなくなったまま、手続きを忘れていたケース。本来は使わなくなった時点ですぐに「廃止《はいし》」の認可申請《しんせい》をしないと違反《いはん》になるのです。

営業所新設や車両を増やすなど事業拡大の申請《しんせい》についても、新法で厳しくなりました。新法では、ほんの小さな違反《いはん》でも不利益処分として権限を制限されかねません。

しかし、顧問《こもん》先の大半の会社では、社長も役員も従業員といっしょに忙《いそが》しく働いていますので、法律上の細かな目配りはなかなかできない。コンプライアンスに関しては、私が率先してチェックしていかなければ、と思っています。

特殊《とくしゅ》車両の運行ルートを考案する

交通網《もう》が発達している日本では、全国各地の行政書士が自動車関連業務に従事しています。しかし、やはり地域差はあって、関東圏《けん》はホットエリア。運送会社の数も多く、仕事がたくさんあります。

私の事務所がある川崎は、特殊《とくしゅ》車両が多く走る地域です。特殊《とくしゅ》車両とは、国が定めた一定の寸法や重さを超《こ》えた車のこと。大型の建設機械や海上コンテナなどを積載《せきさい》しているトレーラーなどが、一般《いっぱん》に特殊《とくしゅ》車両と呼ばれています。

石油精製所がある川崎では、ガソリンやLPガスを積んだ特殊《とくしゅ》車両もひんぱんに見られます。川崎の石油精製所から出発し、関東全域のガソリンスタンドへガソリンやLPガスを運んでいるのです。

危険物を積んだ車や超《ちょう》大型《おおがた》車両は、首都高速道路のトンネルなど通行できない箇所《かしょ》がいくつかあります。一般《いっぱん》の車で混雑する経路を走れば、万一の事故の際に甚大《じんだい》な被害《ひがい》が発生するからです。

そのため、車の特性や目的を考慮《こうりょ》して適切なルートを選び、特殊《とくしゅ》車両通行許可を申請《しんせい》する決まりになっています。

場所柄《がら》、私の事務所は特殊《とくしゅ》車両の通行許可を数多く受任しています。ガソリン、LPガス搭載《とうさい》車のほか、海上コンテナを積んだコンテナ車の申請《しんせい》も多く扱《あつか》います。

何十台もの車で日本各地にコンテナを運ぶ会社の依頼《いらい》で、100を超《こ》える経路を考えたこともありました。特殊《とくしゅ》車両の申請《しんせい》はインターネットでできますが、このときは、事務作業に多くの時間を費やしたものです。

スケジュールを自己管理する

みなさんのなかにも「特殊《とくしゅ》車両に興味がある」という方がいらっしゃるかもしれません。しかし、実際に特殊《とくしゅ》車両が走っている姿はめったに見られないと思います。

ここで特殊《とくしゅ》車両に興味がある人に、とっておきの情報を提供しましょう。

東京近郊《きんこう》のローカルな情報ですが、一般《いっぱん》道の国道246号線や箱根《はこね》新道は、天下の険と言われる箱根越《ご》えをするために、見たことのないような巨大《きょだい》なプラント機械や電車の車両を積んだトレーラーが走るルートです。毎日走っているわけではなく、時間も深夜ですが、運がよければ見ることができます。

特殊《とくしゅ》車両の通行許可申請《しんせい》書は経路に当たる道路の管理者に提出します。県道なら県に、市道なら市という具合です。許可期間は原則として1～2年間ですので、期限を過ぎても走行する場合は更新《こうしん》をする必要があります。私の事務所ではほぼ毎晩、この仕事をしています。国が直接管理している国道が経路の中にあれば、24時間事務所に居ながらにしてオンライン申請《しんせい》が可能なのです。許可証の受け取りもデータですので、いちいち役所の窓口に足を運ぶ必要がありません。

正直に言うと、これまでご説明した仕事のなかで、個人的にいちばん好きなのは特殊《とくしゅ》車両の申請《しんせい》です。車好き、ドライブ好きの私には、全国の地図を凝視《ぎょうし》しながら特殊《とくしゅ》車両の運行ルートを考えているときが至福の時間。実際に自分が走っている感覚や、ゲームを行っている感覚で、いつも楽しんでいます。

スケジュールを自己管理する

行政書士は、仕事のタイムスケジュールを自分で管理できます。私の場合、午前中は車庫証明申請《しんせい》書を提出するために、所轄《しょかつ》の警察署を回っていることが多いですね。

車庫証明は車の保管場所を証明する書類で、車の登録時に必ず提出します。申請《しんせい》書、承諾《しょうだく》書、地図、車庫の配置図と書類の数も少なく、シンプルな業務ですが、実は車庫証明が許認可書類の基本。新人の行政書士には、「まず車庫証明申請《しんせい》をきちんとできるようになれ」と言っています。私自身、開業から30年近く経った今も、車庫証明の仕事は大事にしています。

大量の書類を作成します

午後の仕事はその日によって違《ちが》いますが、千葉《ちば》、埼玉《さいたま》、茨城《いばらき》など、申請《しんせい》で他県へ行くことが増えました。はじめは手堅《てがた》く地元の仕事をしていましたが、そろそろ仕事の圏内《けんない》を広げる時期だと思っています。好きな車で行くのですから、遠方への出張も苦になりません。

休みの日の楽しみも、やっぱりドライブやツーリングです。車仲間と温泉地で集合し、飲み食いしたりしゃべったりしています。そのなかには同業者も多くいます。自動車業務に特化している行政書士は、ほとんどみんな車が大好きなんです。

仕事の場ではともに学び、知恵《ちえ》を出し合い、遊ぶときはいっしょに思い切り楽しめる。そんな尊敬できる仕事仲間が、私のいちばんの財産です。

2章

行政書士の世界

行政書士とは何だろう

官公署に提出する書類や各種の申請書をつくる

目的に沿った書類をつくる

行政書士の仕事をひと言で言えば、市民のためにさまざまな書類を書く法的サービス業。具体的に言えば、官公署（国や都道府県・市町村、警察署、保健所など）に提出する届出書や各種申請《しんせい》書などの書類一式をつくる。

官公署に提出する書類の目的は、許可や認可、免許《めんきょ》の取得など、さまざまだ。許可とは、一般《いっぱん》には禁止されている行為《こうい》を特定の人に解除すること。認可とは行政庁の同意を得なければ無効《むこう》になる行為《こうい》について、同意をあたえて有効《ゆうこう》な行為《こうい》にすることをいう。

行政書士は、依頼《いらい》者の目的に沿って正確な書類を作成し、依頼《いらい》者の目的を叶《かな》える手助けをしていく。単に依頼《いらい》者の言う通りに書類を書くのではなく、事実関係を調査しながら書類づくりを進めていく。その過程で依頼者《いらい》に必要な事柄《ことがら》をアドバイスしたり、よき相談相手としていっしょに考えることが大切だ。

「建設業許可」を例に説明しよう。小規模な工事は建設業の許可がない業者でも受けられるが、道路づくりやビル建設など大きな工事を請《う》け負うには、建設業の許可が要る。安全性が最優先される仕事なので、技術面、管理面、資金面など多角的に審査《しんさ》を行い、それにパスした業者に建設業の許可があたえられる仕組みだ。

行政書士は、建設業の許可申請《しんせい》を依頼《いらい》されたら、まず許可を求める理由や将来の展望を聞く。その上で依頼者《いらい》の会社の現状や目標などをくわしく聞き、相手の立場に立っていっしょに検討していく。建設業の業種のうち、

どの業種の許可をとればその会社の発展につながるか、などのアドバイスもしながら必要な証明書などを集め、許可申請《しんせい》に向けて手続きを進めていく。

行政書士が作成できる書類の種類は1万種もある

官公署に提出する書類には、行政書士が作成できないものもある。たとえば税務署に提出する確定申告書は税理士、特許庁《とっきょちょう》への特許出願は弁理士、と法律で定められている。しかし、それでも行政書士が作成できる書類は膨大《ぼうだい》で、6000種とも1万種ともいわれる。書類は紙の用紙に限らず、オンライン申請《しんせい》できるものも増えてきた。

行政書士が作成できる書類は、官公署に提出する書類だけではなく、各種の契約《けいやく》書や交通事故などの事実記録、会社の記帳簿《きちょうぼ》（金銭出納簿《すいとうぼ》など）なども含《ふく》まれる。種類別には、「官公署に提出する書類」「権利義務に関する書類」「事実証明に関する書類」と三つに大別される。各種類を少しくわしく説明しよう。

●官公署に提出する書類

事業には、官公署に届け出たり、許可や認可を受けなければならないものがある。建設業や運送事業、旅行業、宅地建物取引業（不動産業）、またスナックやゲームセンターなどの風俗営業だ。それらの許可や登録に必要な書類の提出先が官公署である。

官公署とひと口に言っても、総務省《そうむしょう》、厚生労働省《こうせいろうどうしょう》などの省庁から、警察署、保健所、都道府県庁から市区町村役場など、数が非常に多い。どの官公署にどんな書類を何種類提出するかは、業務内容や営業する店の種類、形態によって異なる。

先程の建設業の例でいえば、ひとつの都道府県に営業所を設ける場合はその都道府県、2県以上に営業所を設けるには国土交通《こくどこうつう》大臣の許可、など申請《しんせい》先が異なる。建設業ひとつをとりあげてみても、実に複雑な知識や手続きが必要なことがわかるだろう。

依頼《いらい》者が自分の事業に必要な許認可などにくわしいとは限らない。行政書士は、「こんな仕事がしたい」「こういう店を開きたい」、などと相談に来る人の目的に合った手続きや法令に精通していなければならない。

行政書士は書類の作成も提出手続きも、依頼《いらい》者の代理として行える。官公署の窓口で質問や要求を受けた場合、本人に代わって説明や折衝《せっしょう》をすることもできる。

さらに、特殊《とくしゅ》な場合だが、許可を受けた業者が行政庁から「許可の取り消し」の処分をされる場合、事業者の代理として、正当な反論ができる権利が行政書士に認められている。

●権利義務に関する書類

権利義務に関する書類とは、何かの権利を「発生」「存続」「変更《へんこう》」「消滅《しょうめつ》」させたい、という意思表示をする書類で、これも代理人として作成できる。不動産などの売買契約《けいやく》書、賃貸契約書《けいやくしょ》、金銭消費貸借契約書《けいやくしょ》などの合意書、会社やＮＰＯ、社団法人や学校法人の原始定款《ていかん》、損害保険会社への交通事故の保険金請求書《せいきゅうしょ》、それに遺産分割協議書などだ。

これらの書類を交わす当事者には、書面に書かれた内容を守る義務が生まれる。つまり書類を交わすことで、トラブルが起きる可能性を未然に防ぐことができるわけだ。

権利義務に関する書類作成は弁護士の専門業務と思われがちだが、行政書士もできる。こうした予防法的な業務を専門にしたい行政書士が、若手を中心に増えている。

●事実証明に関する書類

社会のなかで権利や利益が守られるよう事実を証明する書類で、会社の記帳簿《きちょうぼ》、会社や法人の現行定款《ていかん》、各種議事録、身分証明書、交通事故調査報告書、内容証明などがある。また、行政書士が実際に調査してつくる書面や図面も含《ふく》まれる。たとえば、風俗《ふうぞく》営業の許可申請書《しんせいしょ》に添付《てんぷ》する店の見取り図や平面図、開発行為《こうい》にかかわる測量図面などだ。

行政書士の責任

官公署と深くかかわる行政書士の仕事は公共性が強いぶん、社会的な責任も重く、守るべき事柄《ことがら》が行政書士法で厳しく決められている。そのうち主なものを紹介《しょうかい》しよう。

●依頼《いらい》に応じる義務がある

法的サービスの専門家として依頼《いらい》者を手助けする行政書士は、「正当な理由」がない限り依頼《いらい》に応じなければならない。正当な理由とは、依頼《いらい》の内容が法律に反する、行政書士法の範囲《はんい》外、などの場合。依頼《いらい》を断るときは理由の説明文書を交付するが、多くの場合は、横のネットワークを使って適切な人を紹介《しょうかい》している。

●依頼《いらい》者の秘密は絶対もらさない

許認可申請《しんせい》にたずさわる行政書士は、業務過程で企業《きぎょう》の機密事項《じこう》や依頼《いらい》者の個人事情を知ってしまうことが多い。そのため、業務で知った秘密をもらさない「守秘の義務」が法律で定められている。守秘の義務は定めるまでもない常識だが、逆に依頼《いらい》者がすべてを包み隠《かく》さず話してくれなければ、迅速《じんそく》で正確な業務はできない。行政書士は依頼《らい》者から信《しん》頼《らい》される人格と品位を備えていることが非常に大切なのである。

行政書士の誕生から現在まで

「代書人」から分割し あらゆる「士」業と連携する

明治時代の「行政代書人」が行政書士のルーツ

行政書士のルーツをたどれば、明治初期までさかのぼる。1872（明治5）年「司法職務定制」によって「代書人」「代言人」「証書人」が誕生《たんじょう》した。代書人のなかで役所や警察署に提出する書類を作成する「行政代書人」が、現在の行政書士に当たる。

代言人はのちに弁護士、証書人はのちに公証人となるが、代書人の職務は分割が進み、行政書士のほか税理士、司法書士、土地家屋調査士、社会保険労務士と枝分かれしていく。

現在の行政書士は、「行政書士法」が制定された1951（昭和26）年に生まれた。業務内容から、役所の退官者を行政書士とするか、試験制度で採用するか、立法府で審議《しんぎ》された結果、試験を基本とすることになった。

はじめのうち、行政書士試験は各都道府県単位で行われ、合格者はその範囲《はんい》内で開業していたが、1983（昭和58）年からは国家試験による国家資格となる。現在は総務大臣指定試験機関として、一般《いっぱん》財団法人行政書士試験研究《ぎょうせいしょしけんけんきゅう》センターが試験を実施《じっし》している。

業務の内容や範囲《はんい》は、世の中の推移や行政事務の変化に伴《ともな》って、少しずつ変化している。初期のころは比較的《ひかくてき》簡単な書類作成が多かったが、新しいビジネスの登場や行政事務の複雑化で、今では行政書士の業務も豊富な法律知識を要するものになってきた。規制緩《かん》和《わ》の流れのなかで、行政書士の業務もさらなる変革や見直しをせまられている。

これからの行政書士は、書類をつくるプロというだけでなく、市民にとってのよきアドバイザーであることや、企業《きぎょう》の経営コンサルタント的な要素が必須《ひっす》となっている。

行政書士の現状

業務範囲《はんい》も広く、受験は誰《だれ》にでも門戸が開かれているため、多種多様な人びとが行政書士として活躍《かつやく》している。2022年3月末日現在、行政書士の登録者数は5万0286人。男女別にみると、男性が4万2673人、女性が7613人で、2007年に10パーセントだった女性が、現在は15パーセントを占《し》めている。

また内訳として、個人事務所を開業しているのは男性が4万0616人、女性が692

１人。行政書士法人社員は男性１４７９人、女性３２８人、行政書士や行政書士法人に雇《こ》用《よう》されている行政書士数はあわせて男性５７８人、女性３６４人となっている。

２００４年８月施行《しこう》の改正行政書士法によって法人化が認められ、法人会員も徐々《じょじょ》に増えてきた。東京都《とうきょうと》行政書士会では、２０２２年４月時点で、全登録会員数７６４５人のうち、個人会員７３９０人、法人会員２５５人と、全体の３・３パーセントを占めている。

ところで、行政書士のなかには、ほかの「士」業との兼業《けんぎょう》者も大勢いる。この傾向《けいこう》は、地方のほうが強い。日本全体でみれば、行政書士専業者の割合は、２０１９年現在60パーセント程度。東京では約75パーセントが専業者だが、専業者の割合が約20～30パーセント台の数値になる県もあると思われる。

行政書士の人数が多い都市部では、事務所によって仕事が専門化していく傾向《けいこう》があるが、地方では行政書士の数も、弁護士などほかの「士業」の数も少ない。そのため、行政書士にもち込《こ》まれる依頼《いらい》はより広範囲《こうはんい》になり、司法書士、土地家屋調査士など複数の資格をもっていたほうが便利な一面もある。

仕事の内容についていえば、若い行政書士ほど「外国人の在留許可」や「成年後見」「音楽著作権」など、比較的《ひかくてき》新しい業務を選ぶ傾向《けいこう》がある。企業《きぎょう》に対する経営コンサルタント的な存在をめざす行政書士が増えたのも、ここ数年めだつ現象だ。

図表1 都道府県各単位会別会員数（2022年4月現在）

単位会名	個人会員数	法人会員数
北海道	1,876	31
青森県	363	3
岩手県	393	7
宮城県	1,006	25
秋田県	295	3
山形県	402	5
福島県	730	17
茨城県	1,181	13
栃木県	888	12
群馬県	1,096	8
埼玉県	2,504	38
千葉県	2,210	36
東京都	7,390	255
神奈川県	3,113	66
山梨県	369	4
長野県	989	9
新潟県	902	14
富山県	394	8
石川県	385	7
福井県	329	3
岐阜県	859	12
静岡県	1,513	22
愛知県	3,165	69
三重県	717	8
滋賀県	494	6
京都府	930	16
大阪府	3,505	109
兵庫県	1,913	28
奈良県	452	10
和歌山県	341	3
鳥取県	219	3
島根県	264	2
岡山県	795	14
広島県	1,174	16
山口県	486	4
徳島県	328	7
香川県	415	7
愛媛県	552	7
高知県	258	2
福岡県	1,662	33
佐賀県	258	3
長崎県	406	7
熊本県	658	14
大分県	367	8
宮崎県	506	6
鹿児島県	821	11
沖縄県	413	9
合　計	50,286	1,000

出典：日本行政書士会連合会

行政書士の魅力《みりょく》

「小さいころから行政書士になろうと思っていた」という人は、ごくわずかだろう。行政書士の知名度は、まだそう高くないからだ。名称《めいしょう》を知っている人も、仕事の内容となると、弁護士や税理士のように明確なイメージがつかめないかもしれない。

現役の行政書士にたずねてみても、「業務範囲《はんい》が広くておもしろそうなので試験を受けた」「組織のなかにいるより独立して仕事をしたかったので、業務内容を熟知せずに資格をとった」という声が多い。

行政書士試験を受ける動機は人それぞれだが、仕事を始めたあとの満足度は一様に高い。「想像していたより、ずっとおもしろい」「やりがいを感じる」「おおいに社会貢献《こうけん》ができる」という意見が圧倒的《あっとうてき》。では、どんな点が魅力《みりょく》なのか。多数寄せられたのは以下の意見だ。

●依頼者《いらいしゃ》に喜んでもらえる

行政書士事務所を訪ねてくる人は、たいていの場合、「書類をつくってほしい」と依頼《らい》してくる。だが、その手続きの方法や書類の内容は、依頼《らい》者の立場や状況《じょうきょう》で違《ちが》う。依頼《らい》者自身、どうすれば手続きを完了《かんりょう》できるのか見当もつかない、ということもめずらしくない。

そこで、行政書士は依頼《いらい》者の事情をくみとり、背景を調査し、筋道を立ててそれを説明しながら問題の処理をはかっていく。なかには複雑な案件や2年、3年と長い時間をかけて取り組む仕事もある。それだけに、無事終了《しゅうりょう》して依頼《いらい》者から「ありがとうございました」「助かりました」と感謝の言葉を聞く瞬間《しゅんかん》、行政書士もまた大きな喜びが得られる。

●自分の才覚が活かせる

行政書士は、基本的に自分の力で道を切り開いていく職業。能力やアイデアしだいで業績を伸《の》ばしていくことができるし、定年制がないのも大きな魅力《みりょく》だ。仕事内容にはほぼジェンダーギャップがなく、同僚《どうりょう》は性別も年齢《ねんれい》も関係なく、よきライバルになれる。

●得意分野をもてる

幅広《はばひろ》い業務のなかから、興味のある分野、得意な分野をもてるのも魅力《みりょく》のひとつ。行政書士の業務は時代に伴《ともな》って少しずつ変化するので、世の中の流れを敏感《びんかん》に察知し、自分なりの新しい分野を開拓《かいたく》すれば、その分野でのスペシャリストになれる。オールマイティーに業務をこなせる一流ゼネラリストもめざせる。

ほかの「士業」との違い

士業同士の連携は多い

周辺職業との関係

前項《ぜんこう》に記したように、行政書士は、弁護士や税理士など「士」のつく周辺職と同じ業務にたずさわることがある。同じ案件を協力し合って処理することもあるので、ほかの「士」業との関係を簡単に説明しておこう。

弁護士との関係

弁護士とは、法律事務を行う人のこと。裁判所における訴訟《そしょう》事件の代理人や、行政庁に対する不服申し立て、そのほか一般《いっぱん》法律事務を業務としている。

このうち、行政庁に対する不服申し立て手続きの一部は、特定の研修を受けて「特定行政書士」資格を得た行政書士にも、業務が認められている。そのほか、社会生活における争いごとを避《さ》けるために、法律判断を加えながら契約《けいやく》書や内容証明などを作成する法律事務は、行政書士の業務だ。

つまり、紛争《ふんそう》を解決するための法律事件の書類作成は、弁護士法で定められた弁護士の独占《どくせん》業務。紛争《ふんそう》を予防するための書類や、依頼《いらい》者の趣旨《しゅし》通りに記す書類は、行政書士もたずさわれる。

ところで、行政書士が仕事を進める過程で、紛争《ふんそう》に発展してしまうこともたまにある。たとえば遺産分割を処理する途中《とちゅう》で争いが起き、訴訟《そしょう》にもち込《こ》まなければ解決できないというような場合。こんなときは、弁護士にバトンタッチすることになる。

司法書士との関係

司法書士は、土地や建物の権利関係や企業《きぎょう》の状態をあきらかにする登記の専門家である。このうち特に行政書士と接点があるのは、企業《きぎょう》に関連する業務だ。

会社設立手続きでは、定款《ていかん》の作成やその認証代理、調査報告書、株式申込《もうしこみ》書、各議事録など、登記申請《しんせい》書以外の書類の作成は行政書士の業務。登記申請《しんせい》手続きは司法書士の専門業務となる。

行政書士が会社の設立を依頼《いらい》された場合、登記申請《しんせい》業務に関しては司法書士に頼《たの》む。また、建設業の許可や宅地建物取引業の免許《めんきょ》をとるとき、その会社の登記を頼《たの》まれた司法書士から、許認可申請《しんせい》の部分の手続きを依頼《いらい》される。

法務局に対する帰化申請《しんせい》業務と法定相続情報証明に関する手続きは、司法書士も行政書士も行える。帰化とは外国籍《がいこくせき》をもつ人がみずからの意思で日本国籍《こくせき》をとることで、行政書士が行うケースが多い。法定相続情報証明に関する手続きは、戸籍《こせき》や除籍謄抄本《じょせきとうしょうほん》を収集して法定相続情報一覧図を作成し、申出人の代理人となって申し出て証明書の交付を受ける。司法書士はこれを登記のために使用するが、行政書士はこれを銀行や証券会社などに提出して相続手続きを行う場合が多い。

税理士との関係

税理士は税に関するプロフェッショナル。税理士法にもとづいて、税務相談や税務署に提出する書類の作成、申告業務などを行っている。

行政書士は、相続手続きにおいて税理士と接点がある。遺産に不動産がある場合、行政書士が中心となって司法書士に相続登記を任せ、そのほかの遺産を含《ふく》めて相続税などの税務計算や申告を税理士に依頼《いらい》して進める。

また、亡くなった人が会社の社長だったときは、会社の役員構成などを再構成して許可の持続を考え、さらにはその会社の株式相場を税理士とタイアップして算出しながら、危機を乗り越《こ》えていく手伝いもしなければならない。

また、一般《いっぱん》に税理士の仕事と思われているもののなかに、行政書士が行えるものが数多くある。たとえば自動車税、不動産取得税、都道府県たばこ税、ゴルフ場利用税などの税務書類の作成だ。

さらに、会計記帳業務は行政書士の守備範囲《はんい》でもある。企業《きぎょう》コンサルタント的に経理関係の書類づくりを引き受け、税務申告だけを税理士に依頼《いらい》している行政書士もいる。

公共工事の入札手続きに不可欠な経営事項審査申請《じこうしんさしんせい》では、必要な財務諸表の作成や、経営状況分析《じょうきょうぶんせき》機関に提出する手続きを、ほとんど行政書士が行っている。行政書士の経理、財務処理能力に対して、企業《きぎょう》は大きな期待を寄せているのだ。

社会保険労務士との関係

社会保険労務士は、行政書士から近年分化した「士」業。社会保険や労働保険に関する法律にもとづいて行政機関に提出する書類を作成する職種として、１９６８年に独立した。１９８０年まで、行政書士資格をもっていれば社会保険労務士の業務も行うことができたが、今は完全に別の資格となっている。たとえば行政書士が会社の設立を依頼《いらい》された場合、社会保険や労働保険の申請《しんせい》・申告書類作成は社会保険労務士に頼《たの》む。

また、行政書士が企業《きぎょう》へアドバイスを行う際、就業規則の策定や社会保険への加入手続きなどを社会保険労務士に頼《たよ》ることも多く、かかわり合いは深い。

行政書士の仕事

許認可から権利義務に関するものまで業務範囲は広い

行政書士ができる代表的な仕事

ここでは行政書士の具体的な仕事を紹介《しょうかい》しよう。行政書士の業務範囲《はんい》は非常に幅広《はばひろ》いため、数多くの行政書士が手がけている代表的な業務をとりあげた。

1 国際業務

国際業務とは、外国人や外国の企業《きぎょう》にかかわる業務のこと。外国企業《きぎょう》の日本進出とともに外国人就労者が増えた1990年代に増加し、現在も増え続けている。主な国際業務は以下の通りだ。

・在留資格認定証明書交付申請《しんせい》

俗《ぞく》にいう「留学ビザ」「就労ビザ」で、外国人が日本に住むために申請《しんせい》する資格。

・在留資格の変更《へんこう》許可申請《しんせい》

日本で生活している外国人が、在留資格を変えるための申請《しんせい》。たとえば留学ビザを就労ビザに変える、日本人と結婚《けっこん》して就労ビザを「日本人の配偶者《はいぐうしゃ》等」に変更《へんこう》する場合など。

・永住許可申請《しんせい》

ほかの在留資格で日本に暮《く》らしている外国人が、日本での永住を希望する場合の申請《しんせい》。

・帰化許可申請《しんせい》

外国籍《がいこくせき》で日本に在留している外国人が、日本国籍《こくせき》をとって日本人になるための申請《しんせい》。

またほかにも国際業務には、外国との合弁会社設立、外国為替《かわせ》及《およ》び外国貿易法の手続き、輸出入の許可、外国企業《きぎょう》の英文財務諸

表作成などがある。

2 会社設立

会社設立の手続きは、行政書士のポピュラーな仕事のひとつだ。会社とひと口に言っても株式会社、合同会社、またはNPO、一般《いっぱん》社団法人など形態は多様で、それぞれ設立要件が異なる。行政書士はそれを依頼《いらい》者に説明し、さまざまなアドバイスもあたえながらどのような形態でどう設立手続きを進めていくかを依頼《いらい》者とともに検討する。

会社設立に関する書類を作成する前段階で、不備がないか確認していくことが大切だ。現状で設立の要件を満たしているかどうかを調べ、満たしていない場合は解決方法を依頼《いらい》者とともに考えていく。要件を満たしている場合も、金銭面や時間的な手間の面で、より依頼《いらい》者に負担が少ない方法を選択《せんたく》していくのがプロの仕事だ。

法律知識を活かし、依頼《いらい》者の立場に立って誠心誠意業務を行えば、会社設立の手続きが完了《かんりょう》したのちも、そのほかの許認可業務を受託《じゅたく》したり、アドバイザーやコンサルタント的にその会社とかかわる道も開けてくる。その意味で会社設立は、行政書士にとって力量がおおいに発揮できる分野だ。

株式会社の設立において、行政書士が作成する主な書類は以下の通り。

・原始定款《ていかん》（その会社の名称《めいしょう》や所在地、目的、業務の基本方針などを記した文書）
・発起人会議事録
・株式引受証
・創立総会議事録
・株式申込《もうしこみ》証
・取締役《とりしまりやく》会議事録

3 建設業許可

ごく小規模な建設業を営む者は建設業の許可がなくても仕事を請《う》け負えるが、一件につき500万円（建築一式工事は1500万円）以上の工事を請《う》け負う業者は、建設業の許可をとらなければならない。この手続きも行政書士の仕事だ。

許可をとった建設業者には、年度ごとの変更届出《へんこうとどけで》や5年ごとの許可更新《こうしん》が義務づけられているので、これも行政書士が処理する。

また公共工事の入札（多数の業者が自治体の発注する工事の請《う》け負い、受注をめざして競争する仕組み）に参加する業者になるための経営状況分析《じょうきょうぶんせき》、経営事項審査申請《じこうしんさしんせい》、国、省庁、都道府県、各種公営団体、その他の地方自治体などへの入札の認定申請《しんせい》手続きも行政書士の仕事である。

建設業にかかわる業務にはいくつかの種類があるので、はじめて依頼《いらい》された仕事を迅速《じんそく》、正確、かつ誠実にこなせば、同じ依頼《いらい》者から継続的《けいぞくてき》に多数の業務を任され、一定の報酬《ほうしゅう》が期待される。建設業関連の仕事は比較的《ひかくてき》多くの行政書士が手がけているが、顧客企業《こきゃくきぎょう》の経営コンサルタント的な役目を担う行政書士も少なくない。

4 自動車登録、運送事業許可

自動車を買うときの車庫証明、移転や廃車《はいしゃ》を含《ふく》む自動車登録手続き、自動車運送事業の許可や認可、届出は、自動車関連の業務に精通している行政書士が得意な分野だ。バスや自動車を購入《こうにゅう》したあと車検を受けるには、各陸運支局内にある自動車検査登録事務所で手続きをしなければならない。自動車関連業務を中心に行う行政書士は、その陸運支局の周辺に事務所を構えていることが多い。

自動車運送事業には、バスや貨物トラックを使っての旅客運送、貨物運送事業、タクシー、レンタカー事業とさまざまな形態があり、それぞれ許可をとって営業している。

近年、自動車輸送関連の事故が多発していることから、所管する国土交通省は許可要件や許可後の経営状態のチェックをより厳格化している。このためバスやトラックを運用する会社が対応し切れず、運送業に関する法律の専門家である行政書士にアドバイスや指導を求めるケースが増えている。

身近に見かける乗用車やトラック、バスの運行にも、行政書士はひと役かっているのだ。

5 廃《はい》棄《き》物《ぶつ》処理業許可

廃《はい》棄《き》物《ぶつ》処理業許可申請《しんせい》は行政書士の活躍《かつやく》が多い分野で、着実な実績を上げている。

廃《はい》棄《き》物《ぶつ》は産業廃《はい》棄《き》物《ぶつ》（産廃《さんぱい》）と一般《いっぱん》廃《はい》棄《き》物《ぶつ》に分けられる。産廃《さんぱい》とは燃え殻《がら》、汚泥《おでい》、廃《はい》プラスチック類、がれき類など、事業活動によって生まれた20種類のごみと、廃《はい》PCBやPCB汚染物《おせんぶつ》など毒性や感染性があるごみの総《そう》称《しょう》だ。ダンプや船舶《せんぱく》を使用して行う処理業

務は各自治体の許可を得て行われるが、処理業務は以下の3種類に分けられる。

・収集運搬《うんぱん》業（発生場所で収集し、中間処理場などに運搬《うんぱん》する）
・中間処理業（燃やしたり、破砕《はさい》したり、リサイクルできるようにする）
・最終処分業（燃やしても砕《くだ》いてもなくならない廃棄物《はいきぶつ》を、埋《う》めたり海洋投入する）

このうち比《ひ》較的《かくてき》多くの行政書士が関与《かんよ》しているのは、収集運搬《うんぱん》と中間処理の許可申請《しんせい》だ。廃棄物《はいきぶつ》処理業許可申請《しんせい》業務は1990年代から増えはじめた。裏を返せばその時代から日本中に廃棄物《はいきぶつ》があふれてきたということ。行政書士は廃棄物削減《はいきぶつさくげん》のため特殊《とくしゅ》な中間処理の後押《あとお》しをしたり、違法投棄《いほうとうき》を防ぐための業者の取り組みを自治体に届け出るなど、環境《かんきょう》に配慮《はいりょ》した活動を行っている。

廃棄物《はいきぶつ》処理から資源物の再使用や再生利用へと移行している今、行政書士はその流れと密接につながって社会に貢献《こうけん》しているのである。

6 医療《いりょう》法人設立

医療施設《いりょうしせつ》は、入院用のベッドが20床《しょう》以上の「病院」と19床《しょう》以下の「診療所《しんりょうじょ》（クリニック）」に分けられるが、経営の観点からは「個人病院」と「医療《いりょう》法人」という2業態に大別される。

医療《いりょう》法人とは、医師か歯科医師が常駐《じょうちゅう》する病院や診療所《しんりょうじょ》、介護《かいご》老人保健施設《しせつ》を開設するために設立された法人のこと。現在総合病院は法人経営がほとんどで、経営の安定の見地から個人診療所《しんりょうじょ》の多くも医療《いりょう》法人組織によって運営されている。

医療《いりょう》法人にはさまざまな形態があり、申《しん》請《せい》手続きも煩雑《はんざつ》だが、それを一手に引き受けるのも行政書士の仕事だ。法人設立後も、理事や理事長などの変更届《へんこうとどけ》、毎年の予算決算総会開催《かいさい》のアドバイス、議事録の作成や進行、定款《ていかん》の変更《へんこう》など所管官庁への認可申請《しんせい》や届出を行う。

ちなみに行政書士は、医療《いりょう》法人だけでなく「宗教法人」「学校法人」「事業協同組合」「商工組合」「商店街振興《しんこう》組合」などの設立や

解散にかかわる業務も行う。

7 風俗《ふうぞく》営業許可

風俗《ふうぞく》営業とは、料理店やクラブ、バー、ゲームセンター、パチンコ店などの営業のことを言い、くわしい種類分けは、以下のようになっている。

1号営業　料理店、社交飲食店（キャバレー、待合、料理店、カフェーなど）
2号営業　低照度飲食店（喫茶店《きっさてん》、バーなどで客席の照度を10ルクス以下で営むもの）
3号営業　区画席飲食店（喫茶店《きっさてん》、ネットカフェなど5平方メートル以下の客席営業）
4号営業　マージャン店・パチンコ店等
5号営業　ゲームセンター等（スロットマシン、ゲームセンター、ダーツなど）

風俗《ふうぞく》営業に関する許可は戦前から都道府県の公安委員会（窓口は各警察署）の所轄《しょかつ》で、規制は非常に厳格なのが現状だ。行政書士にとっては、関係法令や規制の内容に精通していることや、店の構造、周辺事情などを綿密に実地調査することが求められる。

8 記帳、会計、財務諸表の作成

行政書士は会計、経理に関する業務も行っている。たとえば財務諸表の作成は行政書士が行う会計業務の中心的なものだ。財務諸表とは企業《きぎょう》の経営成績や財務状況《じょうきょう》をもとに毎年つくられる書類で、損益計算書や貸借対照表などで構成されている。財務諸表の作成には、当然ながら会社法や公共工事の品質を保証する品確法の知識のほか、許認可に関する法律知識も必要になる。

企業《きぎょう》は運転資金や設備資金を公的機関や金融《きんゆう》機関などから借りる場合もあるが、その申し込《こ》み書類も行政書士が作成できる。このような書類作成を通じて、行政書士は企業《きぎょう》活動に深く貢献《こうけん》している。

また、税金の申告書は多くが税理士の専業だが、ゴルフ場利用税、自動車税、印紙税などに関しては、行政書士も申告書、申請《しんせい》書を作成できる。

9 農地、土地利用

農地を売るなどして所有権を移転する「権利移動」、または今まで農地だったところを宅地にする「転用」、農地だったところをほかの人に売りつつ宅地にする「権利移動と同時の転用」を実行するには、「農地転用」の手続きをしなければならない。これにかかる契約《けいやく》書や届出、許可申請《しんせい》も行政書士の仕事だ。

建設ブームが巻き起こった戦後の高度成長期には農地転用がさかんに行われ、その後1

９８０年代には、農地法に関する申請《しんせい》業務が行政書士の仕事のベスト１に輝いた。現在、都市部では農地転用業務は減少傾向《けいこう》にあるが、農業従事者の高齢《こうれい》化と継承者《けいしょうしゃ》不足で田畑が減り、そこをマンション用地にするなどの転用手続きは引き続き行われている。また、工場跡《あと》地《ち》の宅地造成や住宅や墓園などを建設するための一定規模内の開発許可申請《しんせい》にも、行政書士はかかわっている。

10 著作権登録

著作権とは、音楽や小説、絵画、脚本《きゃくほん》、コンピュータソフトなどの創作者や団体などにあたえられる権利のこと。権利自体は創作した時点で自動的に発生するが、その権利を守るために、ジャンルごとに登録制度が設け

られ、申請《しんせい》に行政書士がかかわれる。

音楽を例にとると、ある人が作詞作曲した時点で、その楽曲はその人物の著作物となるが、そのことを公にしなければ第三者が「自分が先につくった」と権利を主張したり、売買してしまうことが起こりうる。登録は、こうした事態を避《さ》けるために行う。

著作権は文化庁《ぶんかちょう》長官官房《かんぼう》著作権課の管轄《かんかつ》だが、音楽は一般《いっぱん》社団法人日本《にほん》音楽《おんがく》著作権《ちょさくけん》協会《きょうかい》（ＪＡＳＲＡＣ）、小説など文芸作品は公益社団法人日本《にほん》文藝《ぶんげい》家協会《かきょうかい》、コンピュータソフトウェアは一般《いっぱん》財団法人ソフトウェア情報《じょうほう》センター（ＳＯＦＴＩＣ）など、分野によって登録や使用許諾《きょだく》の申請《しんせい》窓口が異なる。行政書士は２００２年から「代理人」としてこれらの登録申請《しんせい》ができるようになった。

登録後は、第三者が作品の利用や譲渡《じょうと》を求めてきたら、作品の利用法、許諾《きょだく》の範囲《はんい》、使用料や譲渡《じょうと》料などを決めて契約《けいやく》書を作成する。この分野でも、ますます行政書士の責任が重大になってきた。

相続人の心情を考慮しながら慎重に手続きを進めていく

行政書士《ぎょうせいしょし》こうの事務所《じむしょ》
河野《こうの》俊太《しゅんた》さん

故人の意思を形にするお手伝い

昔《むかし》から行政書士の仕事のなかで大きなウエートを占《し》めてきたものに、「相続」があります。亡くなった方が所有していた建物や金品を、家族や親族などがスムーズに受け継《つ》げるよう、お手伝いする役割です。

相続は、行政書士の独占《どくせん》業務ではありません。会社を経営していたり、生前から税理士や弁護士とつきあいがある場合、その士業が手続きをすることが多いでしょう。相続で土地や建物の所有者を変更《へんこう》するときなどは、司法書士もかかわります。

相続で優先されるのは故人の意思です。故人が生前に遺言書を作成し、財産を受け継《つ》ぐ人を特定していれば、その通りに財産を分割していきます。

遺言書がない場合は、相続の権利をもつ人たちで分割協議をするか、法定相続をしますが、その際の優先順位は民法で決められています。

故人の配偶者《はいぐうしゃ》（妻か夫）は必ず相続人となるので順位はつかず、子どもが第1順位、父母が第2順位、兄弟姉妹が第3順位。遺産分割については、相続の権利をもつ人たちが協議して決めていきます。

しかし、相続人だけで進めると手間や時間がかかるだけで進まないことも多い。そのときのために、行政書士がいるのです。

綿密に調査して相続人を特定する

「終活」や「エンディングノート」のブームで、生前に遺言書を準備する人が増加しています。しかし、全体から見ればまだ少数派。私が依頼《いらい》されたケースも、大半は遺言書が残されていませんでした。

相続の仕事は、一件一件すべて事情が異なります。お一人お一人、財産も家族構成も異なりますので、そのつど慎重《しんちょう》に進めていかなければなりません。

遺言書がないケースを想定し、相続の一般《いっぱん》的《てき》な流れをお話ししましょう。

はじめに行うのは、どのような遺産があるかの調査と、それを相続する人の特定です。遺産に関しては現金、預貯金、自動車や家財道具を確認し、土地や家屋があればその特定をします。

相続人の特定には、故人の本籍《ほんせき》がある役所から戸籍謄本《こせきとうほん》を取り寄せ、さらに過去へ遡《さかのぼ》って相続の権利をもつすべての家族、親族を調べます。

遺産と相続人が特定したら依頼《いらい》者にご説明して遺産分割協議書を作成し、相続人のみなさんに連絡《れんらく》をとって、書類に実印を押《お》していただく。

こう説明すると簡単な手続きと思われるかもしれませんが、実際は難航することも少なくありません。万が一故人の古い戸籍《こせき》に今の子どもたちが知らない異母兄がいたら、この方も相続人の一人となるわけです。

相続権のある人に、法律や相続の手続きについて説明する手紙を書くこともあります。たとえば、子どもは独立し、二人で暮《く》らしていたご夫婦のご主人が亡くなり、残った財産は古い家だけ、という場合。2020年4月に施行《しこう》される新法では、奥《おく》さんが家を引き継《つ》ぎ、そのまま住み続ける優先権（配偶者《はいぐうしゃ》居住権）が加わります。

それ以前の法律では「家を売ってお金を分けてほしい」と子どもが主張することも可能でしたので、念のためお子さんに手紙を書き、新旧の法律を説明します。法律に則って進めるだけでなく、ご遺族同士に誤解や感情のもつれが生じないよう、丁寧《ていねい》に説明を重ねてい

事務所で依頼を受けつけます

くことを大切にしたいのです。

相続の手続きは、着手してから終了《しゅうりょう》まで、半年以上かかることもあります。私たち行政書士にもいつ終わるかわかりませんので、依《い》頼《らい》人から「いつまで待てばいいですか?」とたずねられても、明確にお答えできないのがつらいところです。

信頼《しんらい》しても「鵜呑《うの》み」にはしない

相続では近しい人の死にショックを受けている人たちとかかわりますから、気配りが必要です。慎重《しんちょう》さも大切だと思いますが、誰《だれ》でも最初のうちは失敗しがちです。

たとえば依頼《いらい》人の言葉を鵜呑《うの》みにして手続きを進めると、トラブルに発展しかねません。依頼《いらい》人を信頼《しんらい》することは基本ですが、家族間でも知らない話、忘れていることはあるのです。あるいは自分の不利益になることは、あえて言わないかもしれません。

さまざまなケースを想定し、「間違《まちが》いないですか? 念のためもう一度こちらで調べてもよいですか?」と確認しながら調査していくことが大事です。

最新の法律に精通している必要もあります。法律は常に変化していくので、それを把握《はあく》していなければなりません。行政書士の仕事は法律改正との追いかけごっこでもあるのです。

体操教師から行政書士へ転身

職業を選択《せんたく》する基準は人によってそれぞれでしょうが、まさか自分が行政書士になるなど、夢《ゆめ》にも思っていませんでした。

行政書士になる前、私は幼稚園《ようちえん》で園児に体操を教えていましたが、その仕事を辞めるとき、園長から驚《おどろ》きの言葉が……。

「転職するなら行政書士資格をとって、私の事務所を継《つ》いでくれないか?」

園長は、行政書士事務所の経営者でもあったのです。行政書士の仕事など何も知りませんでしたが、自分を見込《みこ》んでくれたことがうれしく、承諾《しょうだく》しました。

職場を幼稚園《ようちえん》から行政書士事務所に移し、実践《じっせん》で仕事を覚えながら資格をとり、そのあと大学の夜間部で法律を学びました。

園長の事務所は運輸局の近くにあり、運輸関係の業務に特化していたので、私もはじめはそれを専門にしていました。

相続の仕事が多くなったのは、運輸関係のお客さまから、「相続の相談に乗ってほしい」という声が増えてきたためです。

相続は同じ方から何度も依頼《いらい》される仕事ではありませんが、ご友人を紹介《しょうかい》してくれるケースが続き、今は運輸と同じくらい相続の仕事をしています。口コミで仕事が広がっていくのはありがたいですね。

学生時代の基礎《きそ》勉強が大事

尊敬する行政書士の先輩《せんぱい》から、「仕事は断らず、オールマイティーであれ」と言われています。私自身も「街の法律家」と呼ばれる行政書士として、身近な人たちの相談事を何でも解決していくのが理想です。

実際には事務所の場所や個人の特性によって、専門分野や得意分野が絞《しぼ》られてきます。でも、懇意《こんい》にしている弁護士、税理士、司法書士が周囲にいれば、相談者に彼《かれ》らをご紹介《しょうかい》することができるのです。

行政書士のよいところのひとつに、自分で

事務所での執務は集中して行います

時間を配分して仕事ができることがあります。私の場合、午前中は外でお客さまと会い、午後は事務所で作業をすることが多い。週に3、4日は姉が書類づくりや経理を手伝ってくれるので助かっています。

若い人にひとつ助言するとしたら、「基礎《きそ》の勉強をしっかりしておくこと」ですね。どんな仕事でも基礎的《きそてき》な知識は必要。仕事をしながら専門学校や夜間大学に通って苦労した私の体験から送るアドバイスです。

もうひとつ言わせていただけるなら、「元気」も大切。園長から行政書士を勧《すす》められたとき、「君ならできる！」と言われたので、理由をたずねると、「元気がいいから」と。

そのときはワケがわかりませんでしたが、今はわかります。書類を書くだけが行政書士の仕事と思われがちですが、実際は人とのコミュニケーションや信頼《しんらい》関係が大事な仕事です。それには「元気」も大きな利点。いや、行政書士に限らず、どんな仕事、どんな場面でも「元気」は必要だと思います。

ミニドキュメント 2 風俗営業分野で活躍する行政書士

同性依頼者からの信頼にやりがいを覚える

行政書士《ぎょうせいしょし》ソフィア総合法務事務所《そうごうほうむじむしょ》
渡邊理恵《わたなべりえ》さん

風俗《ふうぞく》営業店の定義とは？

仕事柄《がら》、私は夜中によく歓楽街を歩いています。私の主な仕事は風俗《ふうぞく》営業の許可をとることで、夜中しか店にいない経営者を訪ねて行くことが多いからです。

風俗営業店とは、となりに座ったりカラオケをデュエットするなど、お客さんを接待しながらお酒を出す店や、ゲームセンターなど遊びを提供するお店の総称《そうしょう》です。

こうした店の開業には「営業は深夜0時まで」「場所は住宅街以外で、近隣《きんりん》に学校や病院がない」など多くの条件が設けられています。営業内容によって広さや照明の明るさも限定され、経営者に犯罪歴がないかなども審《しん》査《さ》の対象になりますので、申請依頼《しんせいいらい》を受けるとそれらをまずチェックします。

行政書士には「依頼《いらい》を断ってはいけない」という原則がありますが、不正な申請《しんせい》に手を貸すわけにはいきません。依頼《いらい》者が隠《かく》しごとをしていると疑われる場合は、やんわりと先方から断られるような言い方をしています。

申《しん》請《せい》先によって異なるルール

風俗《ふうぞく》営業の許可証は都道府県の公安委員会が交付しますが、申請《しんせい》窓口は店のある地域を管轄《かんかつ》する警察署の生活安全課です。

申請《しんせい》には経営者の身元をあきらかにする書類や誓約《けいやく》書のほか、店舗《てんぽ》の図面も求められます。この図面づくりも行政書士の仕事です。

メジャーで店の客席や調理場の面積を測り、テーブルや椅子《いす》、照明の位置まで書き込《こ》んでいきます。はじめは時間がかかりましたが、今はレーザー測量器で簡単に計測ができ、設計図もCADソフトで時間が短縮されたので、図面作成の作業自体を楽しんでいます。

神奈川県の場合、申請《しんせい》書類と図面を所轄《しょかつ》の警察署に提出してから申請《しんせい》許可が下りるまでの標準処理期間（法令で定められた期間）は、土日を入れて55日。その間、店舗《てんぽ》にも検査が入るので、どこをどう調べられてもいいように準備をしますが、警察署によって必要書類や許可の基準が異なるので厄介《やっかい》です。

本来、許可要件は風営法（風俗《ふうぞく》営業等の規制及《およ》び業務の適正化等に関する法律）で定められていますが、実際は都道府県ごとに条例があり、取り扱《あつか》いに差異があります。

一例をあげましょう。神奈川県内の警察署では、申請《しんせい》人の委任状があれば、行政書士が代理で手続きできます。しかし東京の警察署では、「申請《しんせい》人と直接会って話したい」との理由で、申請《しんせい》人も必ずいっしょに行くことが求められます。こうしたローカルルールを覚えないと、結果的に手間が増えていくのです。

トラブルは意外なほど少ない

　これまで一度だけ、つらい思いをしたことがあります。はじめての風営許可申請《しんせい》の仕事で滞《とどこお》りなく進み、許可もとれたのですが、依頼《いらい》者が報酬《ほうしゅう》と立て替《か》えた証紙代を支払ってくれず、仕方なく私が許可証を預かっていました。

　すると依頼《いらい》者は「許可証を失くした」とうそをついて再交付を受けて営業を始め、支払いの踏《ふ》み倒《だお》しを企《くわだ》てました。しかし店内での許可証掲示《けいじ》義務を怠《おこた》っていたため、見回りの警察官にそれを指摘《してき》され、代理申請《しんせい》した私も「参考までに」と警察に呼びだされました。

「実は報酬《ほうしゅう》などを払ってもらえず、トラブルになっている」と私が事情を話しても、「経営者側の秘密を知っている」と思われたようで、なかなか帰してもらえませんでした。あのときは悔《くや》しかったですし、その後しばらくは警察署へ行くのが怖《こわ》くもなりました。

　でも、トラブルと言えるのはこれだけ。申《しん》請《せい》件数が増えるにつれ、各地の警察署の担当官とも顔見知りとなり、たまには世間話もしながら、和やかに仕事をしています。

依頼《いらい》者からの信頼《しんらい》がやりがい

　私が風俗《ふうぞく》営業の許可申請《しんせい》に深くかかわるようになったのは、２００６年の風営法改正がきっかけです。新法施行《しこう》前に申請《しんせい》をする店が多数あり、風営許可申請《しんせい》を専門にしている行政書士だけでは手が回らず、協力要請《ようせい》の声が私にもかかりました。

当時、私は行政書士になって日が浅く、得意分野も模索中《もさくちゅう》で事務所も赤字経営、という状態でしたので、風営許可は未知の領域でしたが、ありがたくお受けすることにしました。

風営許可申請《しんせい》業務に精通している先輩《せんぱい》たちから教えていただきながら実地で仕事を覚え、終わるころにはこう思っていました。

「風営の仕事はおもしろい！」

ふつうの生活では知り得ない夜の世界を垣《かい》間《ま》見て、そこで働く人とふれあえるので、社会勉強としてもなかなか興味深いです。

実を言えば、新人行政書士のころ、許認可申請《しんせい》の仕事は機械的な事務作業がメーンだと思い込《こ》み、あまり興味がもてませんでした。

しかし、風営許可申請《しんせい》の仕事を続けるうち、自分にはこの仕事がなかなか向いていると感じました。いちばん多く手がけているのはスナックの申請《しんせい》ですが、経営者には女性が多く、彼女《かのじょ》たちは同性の私が相手だと「話しやすい」「相談しやすい」と言ってくれます。

私も女性依頼《いらい》者の気持ちがわかります。女性経営者は元気で明るい方が多く、先方も「同じ匂《にお》い」を感じるのか、私に親近感を抱《いだ》いてくれる気がして、やりがいも感じています。

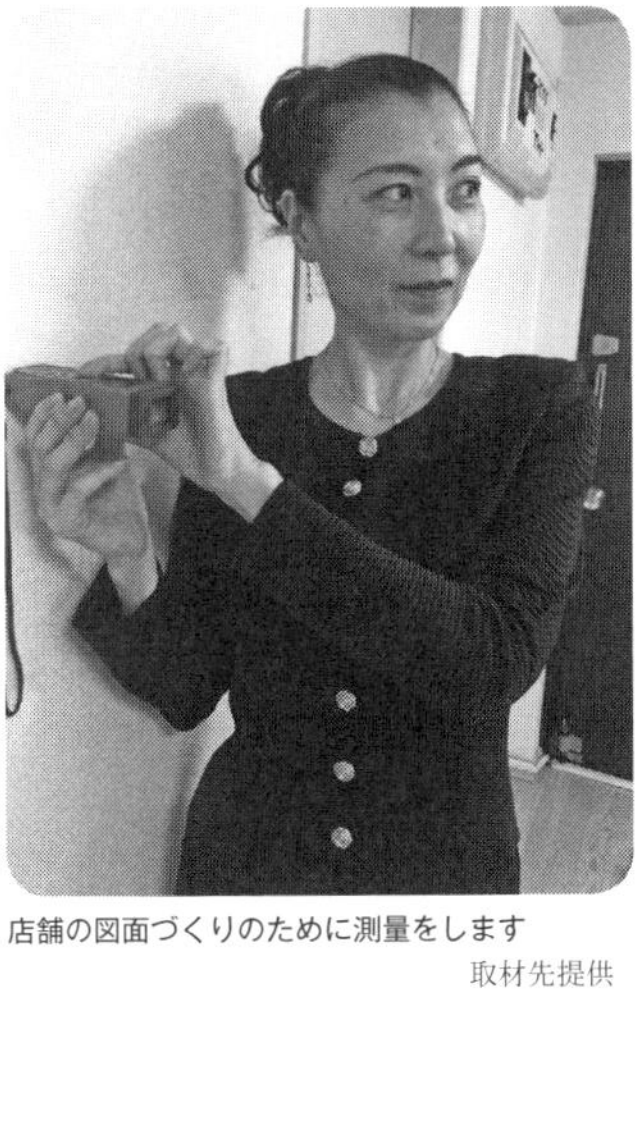

店舗の図面づくりのために測量をします

取材先提供

「裁判外紛争《ふんそう》解決」分野を開拓《かいたく》中

風俗《ふうぞく》営業の店舗《てんぽ》形態は、時代によって変遷《へんせん》があります。私がこの仕事を始めてからガールズバーが流行し、「開きたい」というご相談をいくつか受けました。

ガールズバーはカウンターのなかに女性が入り、深夜以降も営業する形態。保健所から飲食店経営の許可を受け、警察に深夜酒類提供飲食店営業の届出を出せば開店・営業できるはずです。

ただ実際は、大半の店でカウンター内の女性がお客さんと談笑するなどの違法《いほう》な接待行《こう》為《い》をしています。実態からすれば風営許可が必要な疑いがあり、深夜酒類提供飲食店営業届だけでは不十分な可能性が高い。

しかし、風営許可をとっても問題は残ります。この許可で深夜0時（一部地域は午前1時）以降の営業は許されていないからです。では風俗《ふうぞく》営業許可店が深夜酒類提供飲食店営業の届出を出すことは不可能かというと、法律上に禁止条項《じょうこう》はありません。

ところが、これを警察に届出してもほぼ100パーセント受理されない。深夜に風俗《ふうぞく》営業を行う違法《いほう》な形態になるだろう、と思われるからかもしれません。このためガールズバー経営者の多くは、風俗《ふうぞく》営業の許可をとらず、飲食店の許可と深夜酒類提供飲食店営業の届出のみで経営しているのが実状でした。

この件でおわかりのように、風俗《ふうぞく》営業の分野に新形態が現れると、法律で線引きができないグレーゾーンが生まれがちです。現実に比べて、法律はいつも遅《おく》れます。

行政書士会には「政治連盟《れんめい》」という組織が

あり、政界に対して現場の声を届けるなど、現実に即《そく》した法改正につながるような働きかけを行っています。

また、行政書士が身近な街の法律家として市民生活に貢献《こうけん》していけるよう、行政書士会ではさまざまな活動をしています。

そのひとつが「ＡＤＲ（裁判外紛争《ふんそう》解決手続き）」。訓練を受けた行政書士が調停人として仲立ちし、話し合いでトラブルを解決するシステムです。

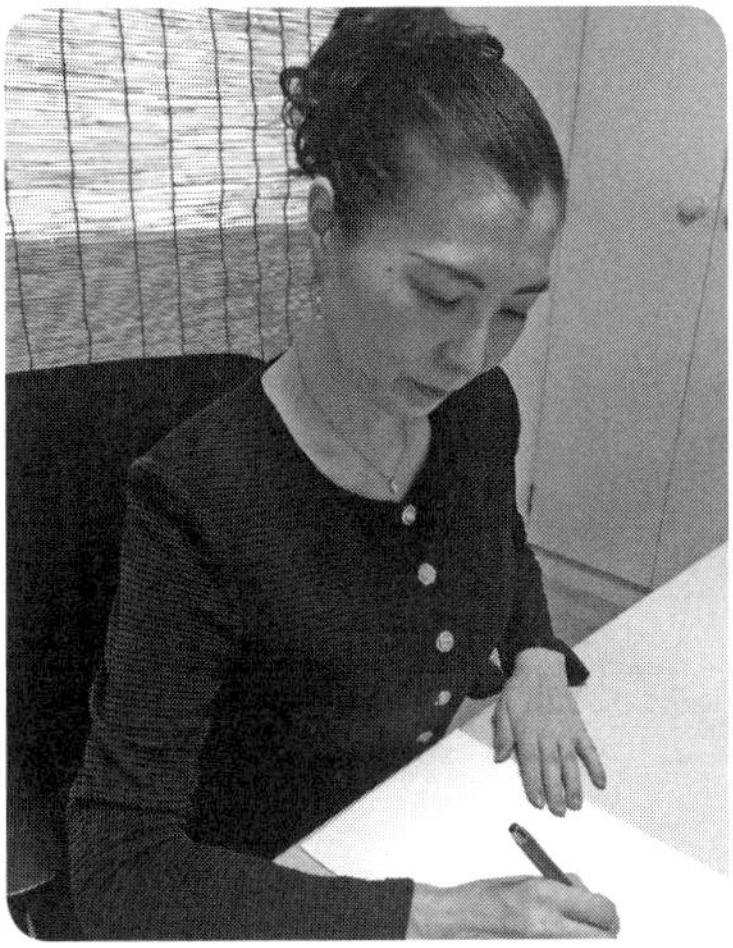

身近な街の法律家をめざしています　取材先提供

私が所属している行政書士会でＡＤＲの研修が行われ、私も参加しています。座学だけでなく体験型の研修もあり、相談業務にもおおいに役立っています。

行政書士会が主催《しゅさい》する数々の研修会では、先輩《せんぱい》たちが親切に指導し、仕事の紹介《しょうかい》もしてくださる。同業者でも冷たいライバル関係にはならず、横のつながりが非常に強いのです。行政書士会の集まりには、サークル的な温かい空気が流れています。

私の趣味《しゅみ》は社交ダンスですが、行政書士仲間数人を誘《さそ》った結果、非公式ながらダンス部ができ、懇親会《こんしんかい》などでダンスを披露《ひろう》する機会もいただきました。これも、アットホームな行政書士会の環境《かんきょう》ならではと感謝しています。

生活と収入

世の中の動きを敏感にとらえ仕事に反映させる

行政書士の日常

行政書士は個人が営むものであり、仕事の仕方や生活形態も一人ひとり異なる。どの分野の業務を中心にしているか、どんな場所で開業しているかによっても、活動パターンは異なる。

ただし、依頼《いらい》者の相談に乗り、書類を作成して処理していくという点は、すべての行政書士に共通している。申請《しんせい》書類や証明書類の種類は申請《しんせい》の内容や申請《しんせい》者の事情によってさまざまだが、一般的《いっぱんてき》な仕事の流れは概《おおむ》ねつぎのようなものだ。

電話やメールで連絡《れんらく》してきた人との面談は、事務所に来てもらうか、相手の指定した場所に出向く。場所などを確認する必要があるときは現地に赴《おもむ》き、相談者の希望を聞いたり、アドバイスをあたえる。

仕事として依頼《いらい》を受けたら事実関係の調査や申請《しんせい》書に添付《てんぷ》する書類の手配を行い、申請《しんせい》書など必要な書類を作成して、依頼《いらい》者と内容の確認を行う。申請《しんせい》書類は行政書士が申請《しんせい》窓口へ提出する。その後、窓口担当者との折衝《せっしょう》、申請《しんせい》内容の問い合わせへの対応などを経て許可を受ける、という順番をたどるのが一般的《いっぱんてき》だ。

行政書士事務所の開業時間は、朝9時から夕方6時ごろまでが平均的。ただし、行政書士は企業《きぎょう》からあたえられた仕事をこなすサラリーマンとは違《ちが》って、スケジュール管理をすべてみずから行う。一人で事務所を経営している行政書士は、電話の応対から営業、経理、業務の処理まで、すべてをこなさなければならない。

依頼者との打ち合わせや書類の確認などが、先方の都合によって深夜や早朝になることもある。また、書類提出の期限がせまる時期には、深夜まで仕事にはげむ行政書士も多い。

特に建設会社の入札参加手続きにかかわる業務を数多く手がけている行政書士は、2年に一度、特別に忙《いそが》しい期間がある。入札参加資格審査《しんさ》認定登録申請《しんせい》の時期だ。この審査《しんさ》の多くは2年に一度一斉《いっせい》に行われるため、ひとつの自治体だけでなく、関東、あるいは全国の自治体に対する書類づくりが重なってしまう。

もっとも、近年は申請《しんせい》書類を役所の窓口に提出するのではなく、インターネット申請《しんせい》をしたあとに添付《てんぷ》書類は郵送するというスタイルが多くなっているので、そのぶん時間は節約できる。

会社員なら、自分が休んだときはほかの人に仕事を頼《たの》めるかもしれないが、行政書士はそういうわけにいかない。忙《いそが》しくても体調が悪くても、依頼《いらい》者に約束《やくそく》した業務を期日までに完遂《かんすい》しなければ責任を問われることになる。

地域住民の権利や利益を守る役目を担っている行政書士は、まず自己管理が欠かせない。個人資格で、多くの仕事ができるという意味では自由な職業だが、自分のスケジュールを管理し、体調を気づかいながら生活を営んでいくことが前提条件なのである。

研修、勉強会で常に腕《うで》をみがく

行政書士事務所によせられる依頼《いらい》内容は、社会生活の多様化につれて変化してきている。たとえば、土地や建物の売買がさかんに行われたバブル期には、宅地建物取引業者（不動産業者）の免許申請《めんきょしんせい》を希望する依頼《いらい》者が一気に増えたが、バブル経済崩壊《ほうかい》後は急激《きゅうげき》に減少した。

建設業許可など、行政書士の中心業務も、法律や社会状況《じょうきょう》によって依頼《いらい》件数や申請《しんせい》書類の内容が変わってきた。さらに、コンピュータを使ったネットビジネスが増加した現在では、ひと昔前《むかし》には考えられなかったような21世紀型ビジネスもつぎつぎに生まれている。

行政書士はこうした世の中の動きや人びとのニーズを敏感《びんかん》にとらえるとともに、依頼《いらい》を受けたらすぐに対応できるように、常々、勉強を重ねていかなければならない。社会状況《じょうきょう》や新しい法律の勉強は個人でもできるが、これにはやはり限界がある。

そのため、日本行政書士会連合会や各都道府県単位の行政書士会などが、会員のための研修会や講演会などを開いている。ある分野の知識を深めるための勉強会や講義、新しい分野の解説を聞ける任意の勉強会など、種類も多い。第一線の行政書士がつどい、切磋琢《せっさたく》磨《ま》している会に参加すると、向学の精神が高いことが感じられて刺激《しげき》になる。

また、各行政書士会やその支部単位で、同じ業務を得意とする行政書士どうしがグループをつくり、情報交換《こうかん》や研修の場をもうけている。最近では、インターネットを通じて遠くにいる行政書士どうしの交流も深まっている。

特に仕事を始めたばかりの行政書士は、こうした機会をおおいに活用し、見聞を広めながら学んでいくことが大切だ。行政書士会関連主催《しゅさい》のものにとどまらず、多くの講義や講演会で見識を深めたい。

行政書士の収入

行政書士の報酬《ほうしゅう》に関しては、行政書士が独自に報酬《ほうしゅう》額を決められることになっている。形がないぶん、事案成果の評価がシビアになりやすい。つまり、実力主義なのだ。

くわしい統計は出ていないが、行政書士の平均年収は、300万円から5000万円超《ちょう》と幅《はば》は広いのではないだろうか。行政書士のなかには兼業者《けんぎょうしゃ》も多いため、こうした統計を出すのは難しいともいえる。

行政書士専業者の場合でも、仕事の仕方、事務所の経営形態によって年収はさまざまだ。ただひとついえるのは、開業1、2年目までは、そう高額な収入は期待できないということ。事務所設立の経費や顧客《こきゃく》の開拓《かいたく》にもかなりの出費が伴《ともな》うからだ。

報酬《ほうしゅう》の少ない業務を数多くこなす、自分がもとから得意だった分野の業務をメーンにする、同業者やほかの士業が手を焼く難易度の高い業務を専門にする、などみずからの特性や事務所の場所柄《がら》などを考慮《こうりょ》して徐々《じょじょ》に自分のスタイルを築き上げていけばいい。

一般《いっぱん》に個人経営の行政書士事務所に大きな仕事はそうそうこないが、一つひとつの事案で着実に信用を得て、社会で有用な存在になっていくことが肝要《かんよう》だ。高い報酬《ほうしゅう》は、個人の技量をみがき続ける向学心と、依頼《いらい》者に尽力《じんりょく》する正義感を備え、長い時間をかけて信用を得た上にもたらされる。誠実な仕事の積み重ねの上に、チャレンジングな大事案を受諾《じゅだく》することができることを、ぜひ覚えておいてほしい。

将来性

「士業」を超えた人間性が問われる

AI時代の行政書士像

行政書士の業務は、社会の動向やニーズによって変遷《へんせん》してきた。かつて、すべて手書きで作成していた書類も、コンピュータによる作成が可能になり、申請《しんせい》自体もコンピュータ上でできるものが増加している。

行政書士にとっては手書きの手間が省ける一方、申請《しんせい》者がコンピュータ操作にある程度くわしければ、行政書士に依頼《いらい》せずとも本人申請《しんせい》が可能になってきた。今後はさらに申請《しんせい》が簡易化される見込《みこ》みである。

またAI（人工知能）の進化で行政書士の業務はかなり奪《うば》われる、とも言われる。では、AI時代に行政書士は生き残れないのだろうか？　結論を先に言えば、今後も行政書士の仕事を発展させていくことは十分可能だ。

来るべき時代の行政書士に求められるのは、みずから新しい分野を開拓《かいたく》していく精神と、コミュニケーション能力だと思われる。常に時代の一歩先を読み、新しく派生する業務をいち早く見つけて手がけよう。また、これまで仕事でかかわった人たち、身近な人びととのコミュニケーションを密にし、誰《だれ》にでも親切にすることで、アドバイザー的な仕事を依《い》頼《らい》される機会も増えるだろう。

ここでは、今後需要《じゅよう》が高まりそうな行政書士の仕事をいくつか紹介《しょうかい》する。

今後発展が見込《みこ》まれる業務

1 成年後見

成年後見とは、加齢《かれい》による心身の衰《おとろ》え、認知症《しょう》、知的障害、精神障害などで判断能力が不十分な人を支える制度のことだ。社会的な弱者が不利益を被《かぶ》らずにすむよう、後見人が本人に代わってさまざまな行為《こうい》を行う。

後見の内容は、現金預貯金の管理、収入支出の管理を行う「財産管理」、通院や入院の手続き、施設《しせつ》への入所の契約《けいやく》を行う「身上監護《かんご》」の二つに分けられる。

成年後見人は家庭裁判所に年に1回程度の報告をし、家庭裁判所から報酬《ほうしゅう》が支払われる。家庭裁判所が認めれば誰《だれ》でも任意後見人になれるが、行政書士の後見人は若手を中心に増えている。ほかの業務で知り合った人から「人間性」を見込《みこ》まれ、後見人を依頼《いらい》されるベテラン行政書士も多い。

2 遺言・相続

遺言や相続関連の仕事は弁護士や税理士も行っているが、行政書士もこの業務にたずさわっている。

遺言（法律上の読み方は「いごん」）とは、自分が死亡したのちの財産処分について、生前書いておく文章で、「自筆証書遺言」「秘密証書遺書」「公正証書遺言」の3種類がある。行政書士は依頼《いらい》者の希望を聞き、場合によってアドバイスをあたえながら作成していく。

たとえば公正証書遺言は公証人が作成する遺言書だが、行政書士は依頼《いらい》者の代理として公証人に依頼《いらい》者の希望を述べ、依頼《いらい》者にはアドバイスをあたえながら素案を作成する。その後、公正証書遺言の作成日時を設定し、遺言者本人や証人を伴《ともな》って公証人の面前で遺言書を完成させる。依頼《いらい》人の死去によって相続が開始したときには、遺言を実現する遺言執《しっ》行《こう》者に就任するケースもある。

自筆証書遺言は2019年1月から要件が緩和《かんわ》され、目録の部分はパソコンで作成して署名押印《おういん》すればよくなった。法務局が自筆証書遺言の保管場所となって紛失《ふんしつ》の恐《おそ》れがなくなり、利用者の増加が見込《みこ》める。自筆証書遺言も行政書士が本人を手伝う形で関与《かんよ》する機会が増えていく。遺言書作成率が低い日本での遺言書普及《ふきゅう》に、行政書士の活躍《かつやく》が見込《みこ》める。

相続手続きとは、ある人物が死亡したあと、その遺産（財産）を相続人で分割することで、この手続きも行政書士の仕事だ。相続人を確定する法定相続情報一覧図の作成、証明書の受領、相続財産の調査、分割方法を記した「遺産分割協議書」の作成などの業務がある。

2020年4月1日には、故人が残した家に配偶者《はいぐうしゃ》が住み続けられるよう定めた「配偶《はいぐう》者《しゃ》居住権」が施行《しこう》される。これを書類上具現化する分割協議書の作成も新たな分野といえる。

3 交通事故損害賠償請求《ばいしょうせいきゅう》

自動車事故の損害賠償請求《ばいしょうせいきゅう》も行政書士の業務範囲《はんい》である。自動車保険証券には弁護士費用等補償《ほしょう》特約として、「被《ひ》害《がい》事故で死傷したときの弁護士、司法書士、行政書士に委任した場合に生じる報酬《ほうしゅう》額を、損害賠償請求《ばいしょうせいきゅう》費用保険金として補償《ほしょう》します」と記されている。

損害賠償《ばいしょう》金は、ふつう加害者が加入している保険会社が調査した結果にもとづいて額を決め、被害《ひがい》者に通知する。本来は被《ひ》害《がい》者が損害賠償《ばいしょう》を請求《せいきゅう》するが、現実には被《ひ》害《がい》者側が事故を検証して損害賠償《ばいしょう》額をはじきだすことは難しい。被《ひ》害《がい》者はケガを負っている場合も多く、時間的な余裕《よゆう》や専門知識もないのが一般的《いっぱんてき》だ。

そこで行政書士が、被害《ひがい》者側からの要請《ようせい》でこの業務に当たる。ケースによっては事故の現場検証を行い、損害賠償請求《ばいしょうせいきゅう》額を計算して被《ひ》害《がい》者にアドバイスをあたえ、被《ひ》害《がい》者から保険会社に提示してもらう。行政書士の関与《かんよ》で損害賠償《ばいしょう》額がアップするケースも多い。現代は交通事故の件数も多く、潜在的《せんざいてき》なニーズも多いため、今後発展が見込《みこ》まれている。

4 民泊《みんぱく》許可申請《しんせい》

外国人観光客の増加で、にわかに脚光《きゃっこう》を浴びた民泊《みんぱく》。一般《いっぱん》家庭の空き部屋などを利用して旅行者を有料で宿泊《しゅくはく》させる制度で、欧米《おうべい》では以前から普及《ふきゅう》している。

わが国では２０２０年の東京オリンピック・パラリンピック開催《かいさい》が決定してから、急激《きゅうげき》に民泊《みんぱく》を開業する人が増え、行政書士がその申請《しんせい》に当たっている。マンションで民泊《みんぱく》を始めるには管理組合の許可が必要など、民泊《みんぱく》の開設にはさまざまな要件があるため、行政書士の法的知識やアドバイスが役に立つだろう。今後、おおいに伸《の》びそうな業務のひとつだ。

5　空き家対策関連業務

空き家の増加は日本の深刻な問題になりつつあるが、そこにも行政書士の新たな活躍《かつやく》の場がある。空き家と言っても、所有者が放置しているもの、所有者が不明のまま放置されているものなど内訳はさまざまだが、いずれにせよ全国的に対策を迫《せま》られている。

行政書士には、所有者不明の空き家の所有者を探す、所有者が判明している空き家の有効な活用法を提案して地域に貢献《こうけん》するなどの活動が期待されている。こうした仕事にこそ、ふだんから地域の人びとと積み重ねてきたコミュニケーションが役に立つ。日頃《ひごろ》から周囲の人びとと交流し、そのなかからみずからの新たな展開を探っていこう。

3章

なるにはコース

適性と心構え

本当の意味での責任感と正義感が求められる

独立心と協調性をバランスよく

行政書士の多くは個人事務所を構え、個人事業主として活動している。法人制度も認められているが、2章で説明したように法人事務所は今のところ2・5パーセントにとどまっている。

どのような形で仕事をするにせよ、みずから道を切り開いていく独立精神旺盛《おうせい》な人が行政書士に向いている。法人に就職すれば、給料制で一般《いっぱん》のサラリーマンのように働くこともできるかもしれない。しかし、行政書士の醍醐味《だいごみ》はやはり、一国一城の主。個人事業主か法人であれば社長的存在である代表社員となることだ。

かといって、人の相談や意見に耳をかさず、わが道を進んでいくだけのタイプでは信頼《しんらい》される行政書士にはなれない。最終的に各種許認可申請《しんせい》手続きを処理していく仕事が大半だが、その前に依頼《いらい》者との念入りなコミュニケーションが必要だからだ。

とりわけ近年は、本書で何度かふれた通り、依頼《いらい》者の要望をじっくり聞き、場合によっては事情を調査しながら、依頼《いらい》者にとってよりよい処理方法を探っていく「アドバイザー」「コンサルタント」的な姿勢が求められている。

また、書類を作成して役所の窓口に提出するだけではなく、担当者の質問に的確に答えるための知識や判断力、相手を納得させる説得力が必要である。申請《しんせい》手続きの業務には、こうした能力を発揮する機会が多い。つまり行政書士は、独立独歩の自立精神と、人との協調をはかるコミュニケーション能力、相手を御《ぎょ》する能力、胆力《たんりょく》、正義感をバランスよく兼《か》ね備えた人がふさわしいというわけだ。

ここまで記してきた通り、行政書士の業務はそれほど派手ではないが、社会活動のインフラ的役割を果たしていると言っても過言ではない。

国際業務では、依頼《いらい》者の外国人にとって、生活の場を保証してくれる「イミグレーションロイヤー」となる。安心で安全な建物や橋をつくる建設業者にとっても、許可申請《しんせい》手続きをしてくれた行政書士の存在は大きい。仲間と集うカラオケボックスや身体の不調時にお世話になる近所のクリニックも、開業手続きを行政書士に依頼《いらい》したかもしれない。

言ってみれば行政書士は、「縁《えん》の下の力持ち」的な役目を担い、表舞台《おもてぶたい》で活躍《かつやく》している人びとを陰《かげ》で支えている。そこに魅力《みりょく》を感じる人は、行政書士の資質をもっていると思う。

責任感と正義感が業務の基本

行政書士が作成する書類は、官公署に提出するものが中心となる。それだけに責任も重大だ。書類の文字を間違《まちが》えたり、記述内容に不正があれば、依頼《いらい》者に迷惑をかけるだけでなく、自分の信頼《しんらい》まで失いかねない。さらには、法にふれる恐《おそ》れも出てくる。

また、期限が決められている書類の提出が行政書士の手違いで遅《おく》れれば、依頼《いらい》者から損害賠償《ばいしょう》を求められることもある。

こんな事態を避《さ》けるためには、責任感や正義感をもち続けることが大切だ。責任感と正義感は、行政書士の基本中の基本ともいえるだろう。

ただし、キャリアが浅いうちは、「責任感」や「正義感」をはき違《ちが》えてしまう恐《おそ》れがある。たとえば、「相談者から頼《たの》まれた通りに書かなければならない」と思い込《こ》み、不正に加担してしまうかもしれない。気の毒な立場にいる依頼《いらい》人のために、「何とかいい結果を出そう」と思うあまり、不正な書類をつくりたい気持ちにかられるかもしれない。落とし穴は案外たくさんあるのだ。

万が一、困っている依頼《いらい》者を早く救おうとするあまり、適切な調査をしないまま希望的観測や思い込《こ》みで、不正確あるいは不正な書類をつくり上げてしまったとしよう。この行政書士は、「自分はいい仕事をした」「こんなことまでして依頼《いらい》者の危機を救った」と錯覚《さっかく》し、その場は満足するかもしれない。しかし、それは行政書士に不正意識がないだけのこと。「責任感」と「正義感」の本当の意味を早いうちに理解し、行政書士としての道を外さないよう、十分注意してほしい。

ベテランの行政書士によれば、「小さいころから挫折《ざせつ》を知らず、自分に自信をもっているタイプこそ勘違《かんちが》いしやすい」と言う。

難しい事件、複雑な事件に出合ったとき、自分を信じて果敢《かかん》に突《つ》き進むことも大切だ。

しかし一方で、「ミスや不正を犯したら依頼《いらい》者の生活を脅《おびや》かすことになるし、行政書士としての立場も危うくなる」と常に自分に言い聞かせ、虚偽《きょぎ》がない真正な主張ができるよう、慎重《しんちょう》に繊細《せんさい》に処理していくことを忘れてはならない。

依頼《いらい》者のなかには、行政書士に無理な要求をしてくる人もいれば、利己心のために不正な手続きをしようとたくらんでいる人だっていないとは限らない。依頼《いらい》者をはじめから疑ってかかる必要はないが、何度も話し合いを続け、仕事の処理に必要なことがらだけでなく、相手の人間性まで理解する能力も行政書士には求められているのだ。

行政書士にふさわしいセンスをみがくには

ここまで、行政書士に必要な要素をいくつかあげてきたが、新人のころからこれらをすべて備えている人はまずいないだろう。

自分に足りないところは徐々《じょじょ》に補いながら、同時に行政書士としてのセンスをみがいてほしい。スポーツや芸術分野の第一人者が独特のセンスをもっているように、有能な行政書士も独特のセンスを身につけている。具体的に言えば、有能な行政書士が身につけているのは、相談者の微妙《びみょう》な心理状態や背景を敏感《びんかん》に感じとる感性と洞察力《どうさつりょく》だろう。

行政書士として第一人者になるには、とにかく大勢の人と接することだ。気の合う仲間だけではなく、さまざまな職業の人と広く交わる機会をもとう。行政書士試験でたとえ満点をとったとしても、〝人間〟を知らなくては行政書士としての合格点は得られない。

日常生活のなかで目に入るものに、片っぱしから興味をもって考えるトレーニングも有効だ。たとえばスマートフォンはどんな仕組みなのか。InstagramやYouTubeがなぜ世界中に浸透《しんとう》していったのか。便利な一方、その裏には何の弊害《へいがい》もないのだろうか。

このように疑問をつぎつぎに考えると、身近なことから自分の町、社会、経済状況《じょうきょう》が理解できるし、そこから新しいビジネスチャンスを発見できるかもしれない。

行政書士試験について

受験者は年々増加し合格率は一けた台

資格を得るには

行政書士の資格は、行政書士試験に合格して得るのが基本だ。ただし、ほかの方法もあるので、まずはそれを説明しておこう。

士業の多くは、税務署職員、法務局職員、社会保険事務所職員など、行政職を経験した人にあたえられる制度があり、行政書士資格も例外ではない。国や地方公共団体の職員として20年以上（高校卒業の場合は17年）行政事務を経験した人たちも、行政書士会に登録・入会すれば資格が得られ、行政書士の仕事ができる。

また、弁護士、税理士、公認会計士、弁理士の資格をもっている人は、行政書士会に登録・入会することで、行政書士事務所を開設できる。

さらに、高校を卒業して17年以上警察の行政職にたずさわった人は、行政書士会に登録・入会して、行政書士の仕事ができる。

だが、いちばん多いのは、行政書士試験に合格し、資格をとる方法だ。この本を手にしているみなさんも、行政書士試験をめざす人がほとんどだろう。行政書士試験については2章の「行政書士の誕生《たんじょう》から現在まで」でもふれているが、ここであらためて説明していこう。

かつて行政書士試験は都道府県単位で独自に行われていたが、1983年からは国家試験となった。受験資格要件はなく、誰《だれ》でも受験できる。

近年の傾向《けいこう》としては、大学在学中に試験を受けるなど、若きチャレンジャーが増えてき

ている。また、弁護士、裁判官、検察官などへの道が開ける司法試験と科目が似ているので、その前哨戦《ぜんしょうせん》として、受験する人も少なくない。

行政書士試験が実施《じっし》されるのは毎年1回、11月の第2日曜日で、合格発表は翌年の1月下旬《げじゅん》。実力本位の行政書士試験会場は、学生から年配者まで、毎回幅広《はばひろ》い年齢《ねんれい》層の受験者であふれている。

ほかの"士"業試験よりやさしい？

従来、「行政書士試験は弁護士や税理士などほかの"士"業に比べて、比較的《ひかくてき》やさしい」と言われてきた。確かに1990年代のはじめごろまでは、受験者の10パーセント以上が合格していたが、現在は難しい試験となっている。2007年度以降は6～9パーセント台という低い合格率が続いた。2013年度からは合格率が10パーセントを超《こ》える年も出てきたが、それでも決して「やさしい試験」とは言えない。

この傾向《けいこう》は、行政書士に対するニーズの高まりと、行政書士資格に人気が出てきたことの表れとも言えそうだ。

図表2 行政書士試験受験者数と合格者数

年　度	受験者数	合格者数	合格率
2010	70,586	4,662	6.6%
2011	66,297	5,337	8.1%
2012	59,948	5,508	9.2%
2013	55,436	5,597	10.1%
2014	48,869	4,043	8.3%
2015	44,366	5,820	13.1%
2016	41,053	4,084	10.0%
2017	40,449	6,360	15.7%
2018	39,105	4,968	12.7%
2019	39,821	4,571	11.4%
2020	41,681	4,470	10.7%
2021	47,870	5,353	11.1%

出典：一般社団法人行政書士試験研究センター

60パーセント以上の得点が合格ライン

行政書士試験は筆記試験で行われるが、どの程度正解すれば合格ラインに届くのだろう。まず試験の大枠《おおわく》を見ていこう。

試験は毎年決まって、「行政書士の業務に関し必要な法令等の問題」と、「行政書士の業務に関連する一般《いっぱん》知識等の問題」が出題され、合格ラインは以下のように定められている。

業務に関し必要な法令等科目の得点が、択一と記述式を合わせた244満点のうち122点以上である者。業務に関連する一般《いっぱん》知識等科目の得点が、56満点のうち24点であり、試験全体の得点が、180点／300満点である者。

2018年の合格者を見ると、男性合格者数3900人のうち、10歳《さい》代0・76パーセント、20歳《さい》代19・6パーセント、30歳《さい》代37・3パーセント、40歳《さい》代25パーセント。また、女子合格者数1453人のうち、10歳《さい》代1・0パーセント、20歳《さい》代23・8パーセント、30歳《さい》代31・1パーセント、40歳《さい》代27・4パーセントとなっている。

最年長申込《もうしこみ》者は97歳《さい》、最年長合格者は82歳《さい》のいずれも男性で、最年少申込《もうしこみ》者は11歳《さい》、最年少合格者は14歳《さい》でそれぞれ男女各1名だった。

法令問題と一般《いっぱん》知識問題

さて、最後に肝心《かんじん》な試験内容を見てみよう。「行政書士の業務に関し必要な法令等」の問題は択《たく》一式《いっしき》及《およ》び40字程度で回答する記述式、「行政書士の業務に関連する一般《いっぱん》知識等」の問題は択《たく》一式《いっしき》で出題される。

問題をよりくわしく見ると、「法令等」の問題では試験を実施《じっし》する日の属する年度の4月1日現在施行《しこう》されている憲法、行政法、民法、商法、それに基礎《きそ》法学のなかから46問が出題される。

一方、「一般《いっぱん》知識等」の問題は、政治・経済・社会、情報通信・個人情報保護、文章理解に関する14題が出題される。

試験当日は、法令等の問題と一般《いっぱん》知識等の問題を3時間で解く。焦《あせ》らず自信のある問題から解答していくのがコツだ。

なお、*一般《いっぱん》財団法人行政書士試験研究《ぎょうせいしょししけんけんきゅう》センターが試験事務を行っており、過去問もセンターのホームページに掲載《けいさい》されている。試験案内、受験願書などについても、同センターに問い合わせるといい。

受験対策のポイント

受験者にとって、行政書士試験は勉強する項目《こうもく》が非常に多い上、合格率は10~12パーセント台を推移する狭《せま》き門だ。問題そのものが極端《きょくたん》に難しいわけではないが、あらゆる出題分野を一から勉強しようと思ったら、試験にのぞむまでに何年もかかってしまうだろう。特に法令問題の勉強は、法律を専門に学んだ人でなければなかなか頭に入りにくいかもしれない。

そこで、まず自分の得意科目を考え、それを重点的に補足していくのもひとつの方法だ。苦手な科目に対しては、自分に合う参考書を見つけたり、過去の行政書士試験の問題集を手に入れて、くり返し解いてみることで克服《こくふく》したい。

＊一般財団法人行政書士試験研究センター　https://gyosei-shiken.or.jp/

もし一人で勉強するのが不安なら、行政書士試験の受験予備校をチェックしてみよう。とりあえず合格することを考えれば、「合格のノウハウ」を知りつくした予備校のお世話になるのも、ひとつの考え方だ。自分の得意分野を伸《の》ばせるか、苦手分野をなくせるかにポイントを絞《しぼ》って、授業内容を調べてみるといい。

試験勉強をしていくうちに、行政書士業務に必要な知識はかなり得られるはずだ。しかし、行政書士試験はあくまで「行政書士の業務を遂行《すいこう》できる能力があるかどうか」を測る試験であり、実務に即《そく》した試験内容とは言えない。

何度か説明してきたように行政書士は業務範囲《はんい》が非常に広いことから、試験に受かった

からといって、すぐにすべての業務がこなせるわけではない。

「資格を取得してからの勉強が成功の鍵《かぎ》をにぎっている」

この言葉をくれぐれも忘れないように。資格取得は目的ではなく、新しい自分のキャリアのスタート台なのである。

資格を取得したら

実務経験を積んでスペシャリストに

開業は行政書士会へ登録してから

行政書士試験の合否通知は、毎年1月下旬《げじゅん》に行政書士試験研究センターから受験者全員に、「圧着はがき」で発送される。はがきに記載《きさい》されているのは、合否、得点、配点、合格基準点だ。合格者には、2月中旬《ちゅうじゅん》～下旬《げじゅん》に「合格証」が簡易書留郵便で送られてくる。しかし、合格証は単に「行政書士の仕事をする能力があると証明された」という"あかし"にすぎない。

実際に「開業」するには、まず自分が仕事をする都道府県の行政書士会に登録する必要がある。登録がすむと、自動的に日本行政書士会連合会《にほんぎょうせいしょしかいれんごうかい》（日行連）への登録がなされる。この手続きを経てからでなければ開業できない。

ちなみに入会金、会費は都道府県ごとにまちまちだが、東京都行政書士会の場合はつぎの通りだ。

・登録手数料　２万５０００円
・入会金　20万円
・単位会会費３カ月分　１万８０００円
・政治連盟《れんめい》会費３カ月分　３０００円
・収入印紙（登録免許《めんきょ》税）３万円（国家資格名簿《めいぼ》への登録料）

さて、登録がすみ、晴れて「開業」に至ったら、そこであらためて自分をふり返ってほしい。はじめから行政書士の具体的な業務に精通している人はいないはずだ。これには理由がある。

同じ「士」業の資格試験でも、司法書士試験には実務に即《そく》した書類作成問題もあるので、受験勉強の過程である程度、実務面も学習できる。一方、行政書士試験では、法律や一般《いっぱん》知識を問う問題しか出されない。つまり行政書士の業務は、資格をとったあとに学ぶことになるのだ。

また、司法試験の修習生が受けるような研修制度もないので、合格後は積極的に実務を覚えることを当面の目標にしてほしい。

実務講習会などには積極的に参加する

日行連や各都道府県の行政書士会では、定期的に実務講習会や研修会を開いているので、積極的に参加し、実力をつけよう。

講習会に出席したからといって、相談者から頼《たの》まれたことをすぐに処理できるようになるわけではないが、基礎《きそ》的なことを学び、各分野の専門家から話を聞くことは、その後の仕事に必ず役立つ。自分が興味のある分野に限らず、はじめのうちはあらゆる分野の業務を貪欲《どんよく》に吸収し、自分の得意とする分野を徐々《じょじょ》に絞《しぼ》っていくといい。

インターネットも勉強や仲間づくりにおおいに活用できる。同じ分野の業務を得意とする人びとがネット上でサークル的な組織をつくるなど、ホームページを利用して全国の同業者と情報交換《こうかん》する行政書士も増えてきた。特に子どものころからインターネットになじんでいる若手行政書士は、積極的にネットで先輩《せんぱい》たちと交流して視野を広げよう。

ただし、ネットにアップされている情報が必ずしも正しいとは限らない。情報の発信元や情報源となる人がネット上に情報を流す意図を考え、情報を吟味《ぎんみ》することも大切だ。

とはいえ、開業したてのころは誰《だれ》でもわからないことだらけのはず。そんなとき、頼《たよ》りになる仲間や先輩《せんぱい》がいれば心強い。行政書士会の講習会などで「頼《たよ》りになる先輩《せんぱい》」を見つけ、臆《おく》せずにたずねたり、相談してみよう。

また行政書士は、ほかの「士」業と協力し合って、同じ業務にたずさわる場合もある。このため、弁護士や司法書士、税理士などの職務も勉強していく必要がある。地域ごとに、あるいは特定分野ごとに異業種交流もさかんに行われているので、奮《ふる》って参加しよう。信頼《しんらい》できる弁護士、司法書士、税理士仲間ができれば、行政書士として発展につながるだろう。ただし、仲間との良好な関係を継続《けいぞく》するために、常に学ぶ姿勢を示し、顧客《こきゃく》を斡《あっ》旋《せん》するなど仲間への配慮《はいりょ》も欠かしてはならない。すばらしい仲間を得る近道は、まず自分がすばらしい行政書士になることである。

先輩《せんぱい》行政書士の事務所で腕《うで》をみがく

これまでも何回か述べたように、行政書士の業務は広範囲《こうはんい》におよぶ。30年間行政書士の仕事をしても、すべての業務に精通することは難しい。扱《あつか》う範囲《はんい》が広くなれば広くなるほど、法令の改正や実務の取り扱《あつか》いによる守備範囲《はんい》も広くなるからだ。

そのため、ほとんどの行政書士はいくつかの得意分野を中心とした事業展開をしている。なかにはある分野に特化し、その分野のスペシャリストとなっている行政書士もいる。

事務所を借りて開業する前に、自分の未来像を描《えが》いてほしい。何が得意か、あるいは開業を予定している地域にはどんな仕事が多いかをヒントに考えていけばいい。

たとえば、以前、外国人タレントやモデルを招聘《しょうへい》する会社に勤務していて、その入国手続きにくわしいという人なら、行政書士としてその分野を選ぶのもいい。法律事務所にいたなら、行政書士として契約《けいやく》書の作成や契約《けいやく》代理の仕事を得意にしてもいい。

だが、1年目から自分の的確な未来図が描《えが》ける行政書士はほんのひと握《にぎ》りだろう。未来像が明確に描《えが》けなくても、そのことを恥《は》じたり焦《あせ》ったりする必要はない。行政書士は一生の資格。じっくりと自分の適性、やりがいを発見していけば、はじめから得意分野をもっていた人にも追いつくことができる。

逆に、新人時代から得意分野があるからといって、必ずその仕事の依頼《いらい》が来るとは限らない。依頼《いらい》内容は、社会のニーズや地域性などに左右されるからだ。

そこでお勧《すす》めするのは、数年間行政書士事務所に勤めて実際の業務を覚えること。自分が手がけたい分野が絞《しぼ》れなかったら、幅広《はばひろ》い業務をこなしている事務所を探そう。弁護士事務所や司法書士事務所、税理士事務所に勤めるのもひとつの方法だ。そこで「士」に必要な心構えや実務を身につけ、行政書士としてそれらを活かしていけばいいのである。

はじめから行政書士としての具体的な分野への夢《ゆめ》をもっている人も、できればすでに開業している行政書士事務所で研鑽《けんさん》を積んでほしい。その場合は、自分のめざす分野を得意とする事務所に的を絞《しぼ》って就職できれば、それにこしたことはない。

独立開業する

事務所の場所と自己アピールで顧客を増やす

事務所は自分の業務に合った場所を選ぶ

前項《ぜんこう》で、行政書士会への登録をすませたあとすでに開業している事務所へ就職することを勧《すす》めたが、登録後いきなり独立する道もある。いよいよ自分の事務所を開いて独立する――期待と誇《ほこ》らしさのなかに、大きな不安が入り混じる思いだろう。

こんなとき、人間はえてして焦《あせ》りがちだ。早く「一人前」と認められたい、という思いから、希望通りの物件が見つからないとき、80パーセントの満足度で契約《けいやく》してしまうかもしれない。しかし、くれぐれも、焦《あせ》りは禁物だ。

まずは自分の目的に沿った場所、建物をじっくりと選ぼう。ごく一般的《いっぱんてき》な例をあげると、許可申請《しんせい》書の提出先となる役所や警察署の近隣《きんりん》に事務所を構える行政書士が多い。だが、手がけたい業種によって事務所の立地を考える方法もある。たとえば風俗《ふうぞく》営業関連の仕事をメーンにしたいなら、飲食店の密集地に事務所を構えるといった具合だ。

仮にビルの一室を借りて開業する場合、賃貸契約《けいやく》金と1カ月分の家賃、それに電話やパソコン、プリンター、ファクシミリなど仕事に欠かせない備品をそろえる必要があるため、開業資金はかなり高額になる。

さいわいなことに、最近は事務機器のリースが一般的《いっぱんてき》だ。事務所に必要なさまざまな装《そう》備《び》品はほとんどリースできるが、それを貸す会社の信用が得られなければリース契約《けいやく》ができない。

そのためにも事前にほかの事務所で働いて実績を積むほうがいい。「今働いている○○

事務所から独立する」というだけで貸す側も安心して契約《けいやく》してくれるだろう。

資金面では、事務所開設後も、知識や情報を蓄《たくわ》えるために参加する行政書士会の講座や地元で開かれる異業種交流会などへの会費も用意しておくといい。

はじめから豪華《ごうか》なオフィスを構えようなどと欲を出さず、地道に努力して信頼《しんらい》と成功を勝ちとり、仕事が軌道《きどう》にのったら徐々《じょじょ》にオフィスを大きくしていくことをお勧《すす》めする。

共同事務所や自宅開業、法人化の選択肢《せんたくし》も

行政書士は個人にあたえられる資格であるため、事務所は1カ所にしか開けない。ただし、行政書士が何人かで共同事務所を開くことは許されている。同期合格の仲間、あるいは講習会、勉強会などで知り合った仲間と共同で事務所を借りれば、個人事務所を開くより経費面で節約ができる。

行政書士の仲間一人以上と共同で定款《ていかん》（法人の目的や組織、活動などについての基本規約）を定めて、事務所を法人化することも可能だ。共同事務所では各行政書士が個人で仕事を請《う》け負い、その個人が業務を行わなければならない決まりだが、法人化すれば業務を組織で請《う》け負える。

先進国では士業の法人化が一般化《いっぱんか》し、成果を上げている。日本でもほかの国々の制度に

後れをとらないよう共同事務所の開設が推奨《すいしょう》され、弁護士会や税理士会、司法書士会でも採用されている。

自分とは得意分野の異なる人と組めば、事務所全体の業務範囲《はんい》も広がるだろう。ただしこの場合は、経費や受託《じゅたく》した仕事の報酬《ほうしゅう》をどう分け合うか、はじめにきちんと話し合っておかないとトラブルのもとになってしまう。トラブルを防ぐために「契約《けいやく》書を作成することを業とする」専門家が争っていては話にならない。

事務所内に補助者（行政書士の業務を補助するアシスタント）を雇《やと》うことは、法人、共同事務所、個人事務所を問わず許されているが、行政書士会への届出が必要だ。

最後に、自宅に事務スペースと応接用のスペースがある場合、電話とファクシミリだけを仕事用に備えて自宅で開業する方法もある。事務所の家賃がいらないこと、通勤時間が省けることなどが自宅開業のメリットだが、仕事時間とオフタイムの区別がつけにくくなるなどデメリットもあるので自己管理をしっかり行ってほしい。

いずれにせよ、事務所の場所選びや形態については、数年後のことまで考えて慎重《しんちょう》に行うことを心がけたい。

効果的な自己PRと依頼《いらい》業務で顧客《こきゃく》を増やす

行政書士として独立したら、顧客《こきゃく》を増やす方法を考えていかなければならない。行政書士としてどんなにすばらしい資質をもっていても、依頼《いらい》者がいなければ人の役に立つことができない。

顧客《こきゃく》に選ばれて依頼《いらい》を受け、業務をこなしていくことで、行政書士は社会から育てられていく。社会の要請《ようせい》にフィットして大きく貢献《こうけん》できれば、すなわちそれが「成功」につながる。

精いっぱい業務をこなして顧客《こきゃく》から喜ばれ、相手側である行政庁からは「国民のためによくやってくれた」と評価されるようになれば、事務所経営も「軌道《きどう》に乗った」といえるだろう。

手はじめに、個性的な名刺《めいし》やあいさつ状をつくり、友人や知人、仕事の依頼《いらい》先となりそうな個人や企業《きぎょう》、店にアピールしたい。

行政書士もほかのほとんどの士業のように宣伝活動に関する制限は特に定められていない。現在はインターネット全盛《ぜんせい》の世の中だが、ネット媒体《ばいたい》だけでなく、新聞の折り込《こ》みチラシや電話帳、雑誌への広告掲載《けいさい》なども利用して地道にPRしよう。思わぬところでPR

の効果が表れるかもしれない。

また地元の商店会、自治会などの会合にもこまめに顔を出し、行政書士ができること、自分がやりたいことを多くの人に語ろう。地元のネットワークを広げることは、業務拡大の一歩になるはずだ。

最初の1、2年は人脈をつくりながらみずからの特性、やりたい業務を見定める時期と考えよう。はじめからたくさんチャンスはこないかもしれないが、少ないチャンスをものにし、焦《あせ》らず誠実に信頼《しんらい》関係を築いていくことが大切だ。

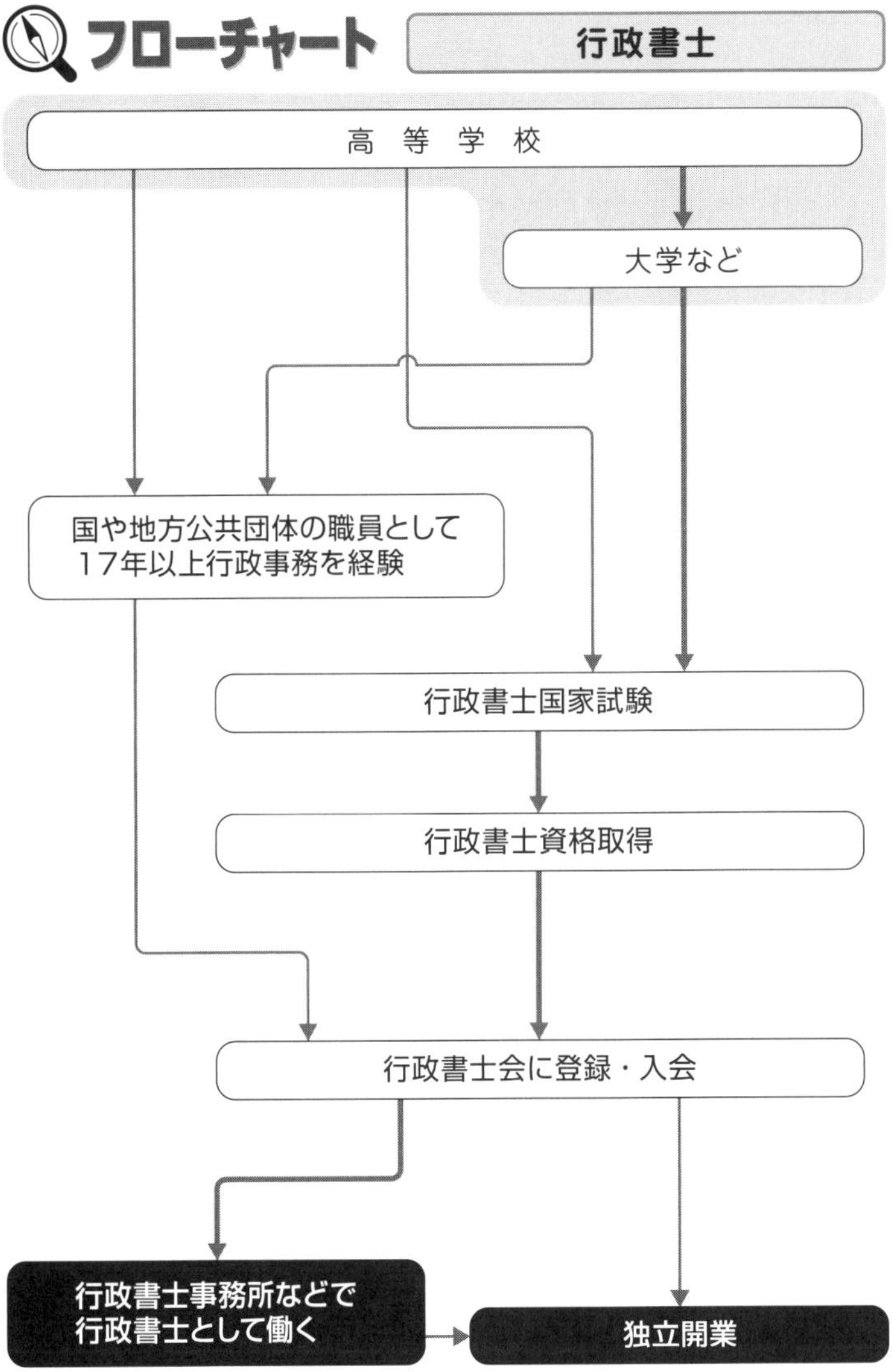
フローチャート
行政書士
高 等 学 校
大学など
国や地方公共団体の職員として
17年以上行政事務を経験
行政書士国家試験
行政書士資格取得
行政書士会に登録・入会
行政書士事務所などで
行政書士として働く
独立開業

なるにはブックガイド

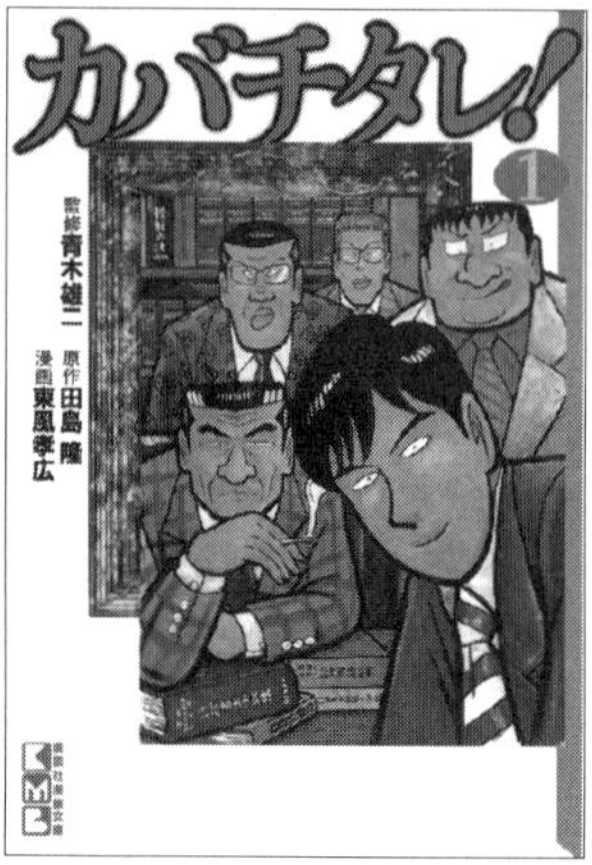

『カバチタレ！』

東風孝広、青木雄二他
講談社漫画文庫（全10巻）

1999年から『モーニング』誌（講談社）に連載され、人気を博したコミック。行政書士事務所を舞台に、主人公の田村らが法律を駆使して人助けをしていく。おもしろおかしく読み進めながら、行政書士の世界がのぞける。

『出る順 行政書士 合格基本書』

LEC 東京リーガルマインド編著
東京リーガルマインド

コミックで行政書士の世界にふれたら、つぎは行政書士の業務に必要な一般知識や法令を知ろう。資格取得の講座や通信教育を展開する企業が編集したこの本がわかりやすい。

『駆け出し
行政書士さんのための
実務の手引』
（許認可業務編・市民法務編）
一般社団法人行政書士の学校著
翔泳社

幅広い行政書士の業務を、「役所に対する許認可業務」と「民間契約に関する市民法務」の２冊に分けて説明した本。業務ごとの手続きの進め方や考え方がこの２冊で理解できる。

『うかる！行政書士
総合問題集』
伊藤塾編
日本経済新聞出版社

一般常識問題、法令問題、記述式問題の過去問と予想問題集。毎年刷新される予想問題と解説には定評がある。法律や許認可の仕組みを学んだら問題集を解いて試験に備えよう。

職業MAP！興味があるのはどの仕事？

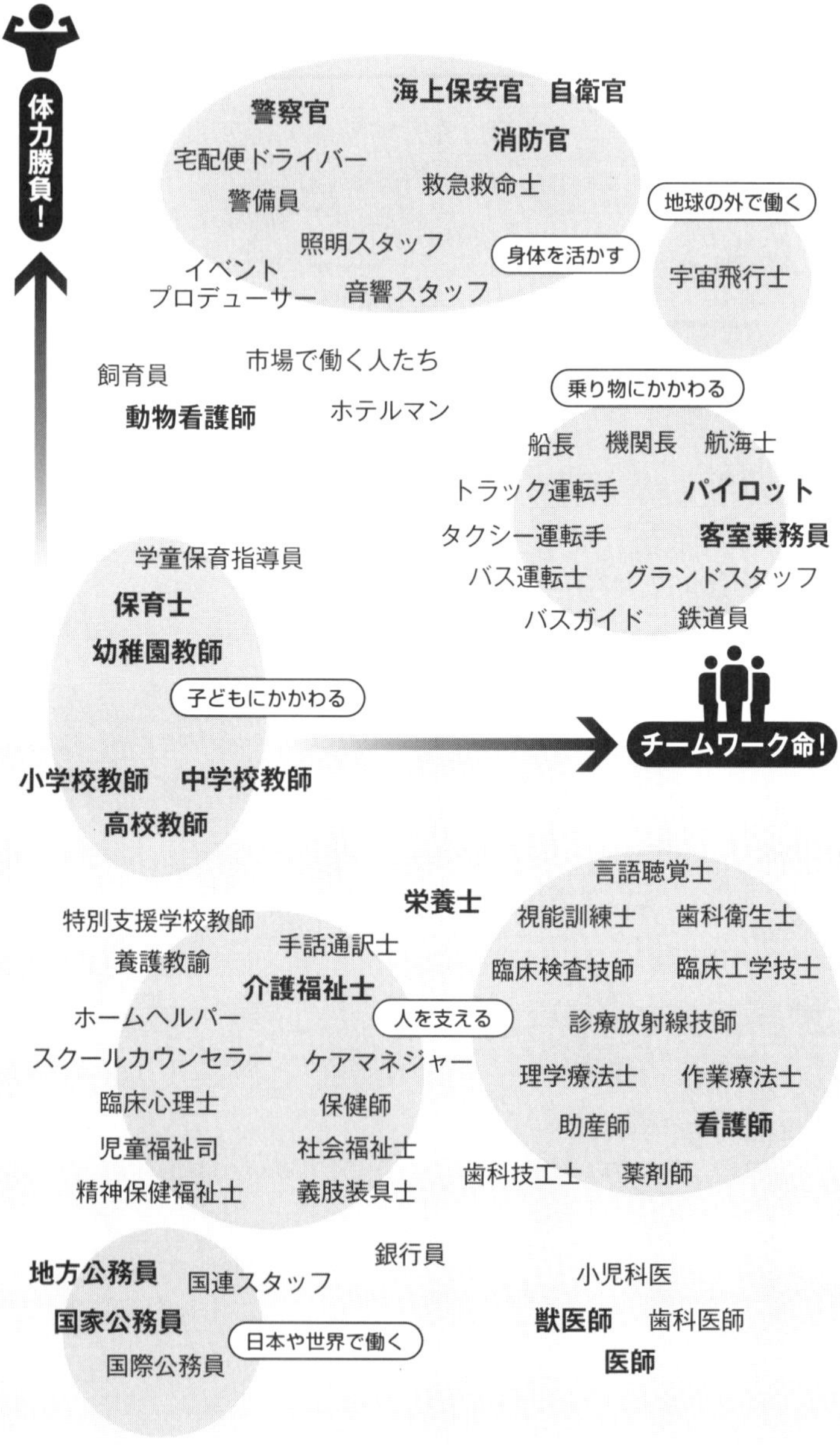
体力勝負！
チームワーク命！
身体を活かす
海上保安官
自衛官
警察官
消防官
宅配便ドライバー
救急救命士
警備員
照明スタッフ
イベントプロデューサー
音響スタッフ
地球の外で働く
宇宙飛行士
飼育員
市場で働く人たち
動物看護師
ホテルマン
乗り物にかかわる
船長
機関長
航海士
トラック運転手
パイロット
タクシー運転手
客室乗務員
バス運転士
グランドスタッフ
バスガイド
鉄道員
学童保育指導員
保育士
幼稚園教師
子どもにかかわる
小学校教師
中学校教師
高校教師
人を支える
栄養士
特別支援学校教師
手話通訳士
養護教諭
介護福祉士
ホームヘルパー
スクールカウンセラー
ケアマネジャー
臨床心理士
保健師
児童福祉司
社会福祉士
精神保健福祉士
義肢装具士
言語聴覚士
視能訓練士
歯科衛生士
臨床検査技師
臨床工学技士
診療放射線技師
理学療法士
作業療法士
助産師
看護師
歯科技工士
薬剤師
日本や世界で働く
地方公務員
国連スタッフ
国家公務員
国際公務員
銀行員
小児科医
獣医師
歯科医師
医師

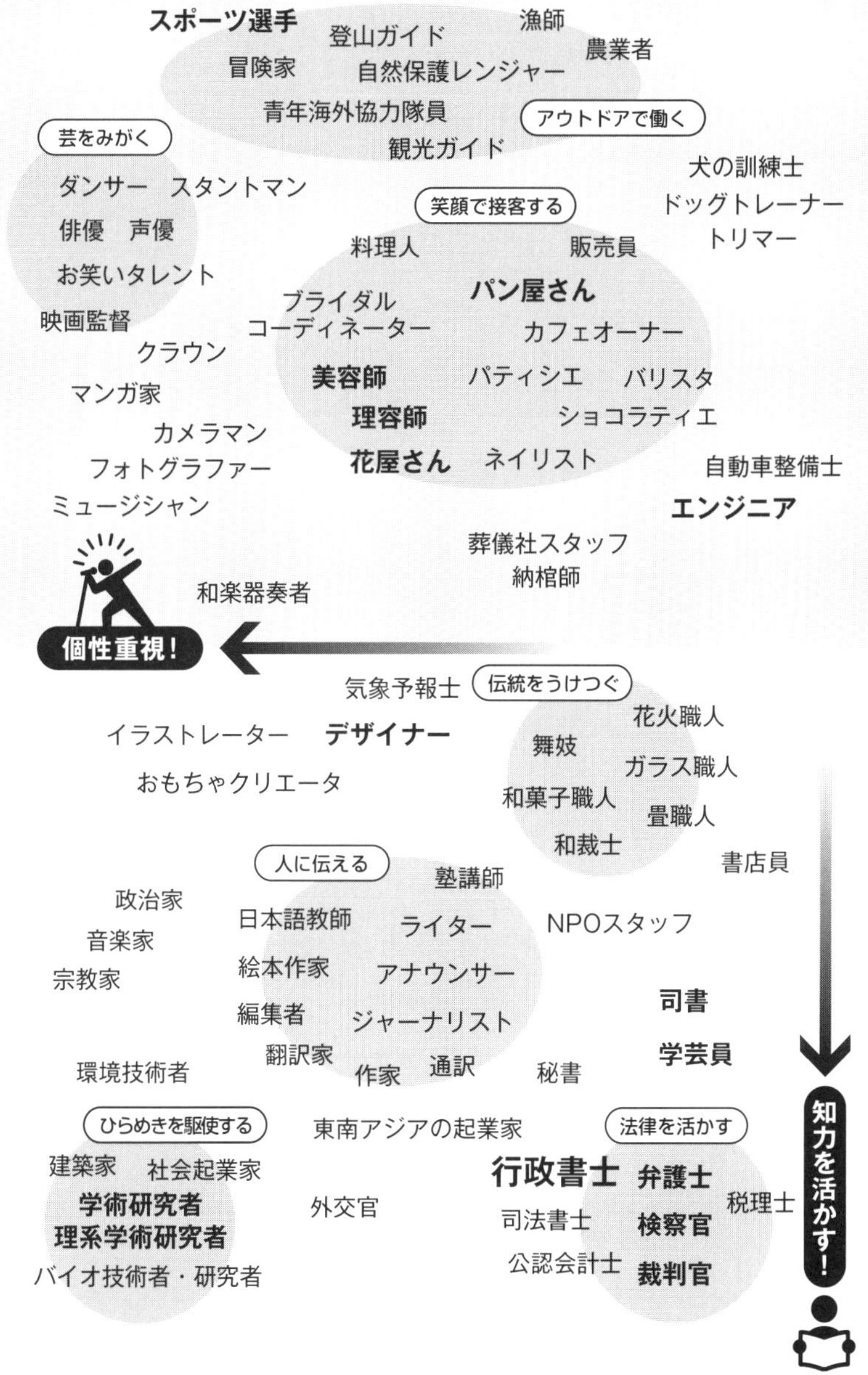
アウトドアで働く
スポーツ選手
登山ガイド
漁師
農業者
冒険家
自然保護レンジャー
青年海外協力隊員
観光ガイド
芸をみがく
ダンサー
スタントマン
俳優
声優
お笑いタレント
映画監督
クラウン
マンガ家
カメラマン
フォトグラファー
ミュージシャン
犬の訓練士
ドッグトレーナー
トリマー
笑顔で接客する
料理人
販売員
パン屋さん
ブライダル
コーディネーター
カフェオーナー
美容師
パティシエ
バリスタ
理容師
ショコラティエ
花屋さん
ネイリスト
自動車整備士
エンジニア
葬儀社スタッフ
納棺師
和楽器奏者
個性重視！
気象予報士
伝統をうけつぐ
花火職人
舞妓
ガラス職人
和菓子職人
畳職人
和裁士
イラストレーター
デザイナー
おもちゃクリエータ
書店員
人に伝える
塾講師
政治家
日本語教師
ライター
NPOスタッフ
音楽家
絵本作家
アナウンサー
宗教家
司書
編集者
ジャーナリスト
翻訳家
学芸員
環境技術者
作家
通訳
秘書
ひらめきを駆使する
東南アジアの起業家
法律を活かす
建築家
社会起業家
学術研究者
理系学術研究者
バイオ技術者・研究者
外交官
行政書士
弁護士
税理士
司法書士
検察官
公認会計士
裁判官
知力を活かす！

[編著者紹介]

三田達治（みた たつじ）

1960年静岡県生まれ。京都産業大学法学部法律学科卒業。1980年在学中に行政書士試験合格。大学卒業後、実務経験を積み、1988年に行政書士として開業。現在、三田行政書士事務所代表、神奈川行政書士青年協議会代表幹事。

[執筆協力]

浅野恵子（あさの けいこ）

東京都生まれ。フリーランスライター。医療・福祉系に関する書籍を数多く手がける。主な著書に『病院で働く人たち』『医学部』（ぺりかん社）などがある。

行政書士《ぎょうせいしょし》になるには

2020年1月25日　初版第1刷発行
2022年6月10日　初版第2刷発行

編著者　三田達治
発行者　廣嶋武人
発行所　株式会社ぺりかん社
〒113-0033　東京都文京区本郷1-28-36
TEL 03-3814-8515（営業）
03-3814-8732（編集）
http://www.perikansha.co.jp/
印刷・製本所　モリモト印刷株式会社

ISBN 978-4-8315-1556-8　Printed in Japan

151 バイオ技術者・研究者になるには

堀川晃菜(サイエンスライター)著

❶生物の力を引き出すバイオ技術者たち
❷バイオ技術者・研究者の世界［バイオ研究の歴史、バイオテクノロジーの今昔、研究開発の仕事、生活と収入他］
❸なるにはコース［適性と心構え、学部・大学院での生活、就職の実際他］

☆☆☆

150 視能訓練士になるには

(社)日本視能訓練士協会協力
橋口佐紀子(医療ライター)著

❶眼の健康管理のエキスパート
❷視能訓練士の世界［視能訓練士とは、働く場所、生活と収入、これから他］
❸なるにはコース［適性と心構え、養成校で学ぶこと、国家試験、就職について］

★★★

68 獣医師になるには

井上こみち(ノンフィクション作家)著

❶人と動物の未来を見つめて
❷獣医師の世界［獣医師とは、獣医師の始まり、活躍分野、待遇、収入］
❸なるにはコース［適性と心構え、獣医大学ってどんなところ?、獣医師国家試験、就職と開業］

☆☆☆

146 義肢装具士になるには

(社)日本義肢装具士協会協力
益田美樹(ジャーナリスト)著

❶オーダーメードの手足と装具を作る
❷義肢装具士の世界［働く場所と仕事内容、生活と収入、将来性他］
❸なるにはコース［適性と心構え、養成校、資格試験、採用・就職他］

★★★

90 動物看護師になるには

井上こみち(ノンフィクション作家)著

❶ペットの命を見つめ健康をささえる
❷動物看護師の世界［動物看護師とは、動物看護師の仕事、生活と収入、動物看護師のこれから］
❸なるにはコース［適性と心構え、養成学校で学ぶこと、資格、就職］

☆☆☆

67 理学療法士になるには

丸山仁司(国際医療福祉大学教授)編著

❶機能回復に向けて支援する!
❷理学療法士の世界［理学療法の始まりと進展、理学療法士の仕事、理学療法士の活躍場所、生活・収入］
❸なるにはコース［養成校について、国家試験と資格、就職とその後の学習］

☆

別巻 大人になる前に知る 命のこと

心と体の変化・思春期・自分らしく生きる
加納尚美(茨城県立医療大学教授)編著

❶命の授業 知ってる?自分たちの命、体、性
❷命って何?［か弱くてものすごい命他］
❸思春期の扉［大人と子どもの「境」他］
❹大人の基礎を育てるために
❺自分らしく生きる、ＬＧＢＴのこと

☆☆☆

97 作業療法士になるには

濱口豊太(埼玉県立大学教授)編著

❶作業活動を通じて社会復帰を応援する!
❷作業療法士の世界［作業療法の定義と歴史、作業療法の実際、生活・収入］
❸なるにはコース［適性と心構え、養成校について、国家試験、就職について］

☆

別巻 大人になる前に知る 性のこと

他人を尊重し、自分を大切にする
加納尚美・鈴木琴子編著

❶性って何だろう 性についてきちんと知ろう
❷性とライフステージ
❸性の悩み・不安［知っておこう、性感染症他］
❹ＳＯＳを感じたら［性犯罪とは/彼氏彼女が怖い、それはデートDVかも? 他］

☆☆☆

143 理系学術研究者になるには

佐藤成美(サイエンスライター)著

❶研究する日々の喜び!
❷理系学術研究者の世界［学術研究者と論文、理系の学問と研究分野、研究施設のいろいろ、生活と収入他］
❸なるにはコース［適性と心構え、理系学術研究者への道他］

☆

【なるにはBOOKS】

税別価格 1170円〜1600円

❶——パイロット
❷——客室乗務員
❸——ファッションデザイナー
❹——冒険家
❺——美容師・理容師
❻——アナウンサー
❼——マンガ家
❽——船長・機関長
❾——映画監督
❿——通訳者・通訳ガイド
⓫——グラフィックデザイナー
⓬——医師
⓭——看護師
⓮——料理人
⓯——俳優
⓰——保育士
⓱——ジャーナリスト
⓲——エンジニア
⓳——司書
⓴——国家公務員
㉑——弁護士
㉒——工芸家
㉓——外交官
㉔——コンピュータ技術者
㉕——自動車整備士
㉖——鉄道員
㉗——学術研究者(人文・社会科学系)
㉘——公認会計士
㉙——小学校教諭
㉚——音楽家
㉛——フォトグラファー
㉜——建築技術者
㉝——作家
㉞——管理栄養士・栄養士
㉟——販売員・ファッションアドバイザー
㊱——政治家
㊲——環境専門家
㊳——印刷技術者
㊴——美術家
㊵——弁理士
㊶——編集者
㊷——陶芸家
㊸——秘書
㊹——商社マン
㊺——漁師
㊻——農業者
㊼——歯科衛生士・歯科技工士
㊽——警察官
㊾——伝統芸能家
㊿——鍼灸師・マッサージ師
51——青年海外協力隊員
52——広告マン
53——声優
54——スタイリスト
55——不動産鑑定士・宅地建物取引主任者
56——幼稚園教諭
57——ツアーコンダクター
58——薬剤師
59——インテリアコーディネーター
60——スポーツインストラクター
61——社会福祉士・精神保健福祉士
62——中小企業診断士
63——社会保険労務士
64——旅行業務取扱管理者
65——地方公務員
66——特別支援学校教諭
67——理学療法士
68——獣医師
69——インダストリアルデザイナー
70——グリーンコーディネーター
71——映像技術者
72——棋士
73——自然保護レンジャー
74——力士
75——宗教家
76——CGクリエータ
77——サイエンティスト
78——イベントプロデューサー
79——パン屋さん
80——翻訳家
81——臨床心理士
82——モデル
83——国際公務員
84——日本語教師
85——落語家
86——歯科医師
87——ホテルマン
88——消防官
89——中学校・高校教師
90——動物看護師
91——ドッグトレーナー・犬の訓練士
92——動物園飼育員・水族館飼育員
93——フードコーディネーター
94——シナリオライター・放送作家
95——ソムリエ・バーテンダー
96——お笑いタレント
97——作業療法士
98——通関士
99——杜氏
100——介護福祉士
101——ゲームクリエータ
102——マルチメディアクリエータ
103——ウェブクリエータ
104——花屋さん
105——保健師・養護教諭
106——税理士
107——司法書士
108——行政書士
109——宇宙飛行士
110——学芸員
111——アニメクリエータ
112——臨床検査技師
113——言語聴覚士
114——自衛官
115——ダンサー
116——ジョッキー・調教師
117——プロゴルファー
118——カフェオーナー・カフェスタッフ・バリスタ
119——イラストレーター
120——プロサッカー選手
121——海上保安官
122——競輪選手
123——建築家
124——おもちゃクリエータ
125——音響技術者
126——ロボット技術者
127——ブライダルコーディネーター
128——ミュージシャン
129——ケアマネジャー
130——検察官
131——レーシングドライバー
132——裁判官
133——プロ野球選手
134——パティシエ
135——ライター
136——トリマー
137——ネイリスト
138——社会起業家
139——絵本作家
140——銀行員
141——警備員・セキュリティスタッフ
142——観光ガイド
143——理系学術研究者
144——気象予報士・予報官
145——ビルメンテナンススタッフ
146——義肢装具士
147——助産師
148——グランドスタッフ
149——診療放射線技師
150——視能訓練士
151——バイオ技術者・研究者
152——救急救命士
153——臨床工学技士
154——講談師・浪曲師
155——AIエンジニア
156——アプリケーションエンジニア
157——土木技術者
補巻24 福祉業界で働く
補巻25 教育業界で働く
補巻26 ゲーム業界で働く
補巻27 アニメ業界で働く
別巻 もっとある!小中高生におすすめの本220
別巻 中高生からの防犯
別巻 会社で働く
学部調べ 看護学部・保健医療学部
学部調べ 理学部・理工学部
学部調べ 社会学部・観光学部
学部調べ 文学部
学部調べ 工学部
学部調べ 法学部
学部調べ 教育学部
学部調べ 医学部
学部調べ 経営学部・商学部
学部調べ 獣医学部
学部調べ 栄養学部
学部調べ 外国語学部
学部調べ 環境学部
学部調べ 教養学部
学部調べ 薬学部
学部調べ 国際学部
学部調べ 経済学部
学部調べ 農学部
学部調べ 社会福祉学部

※一部品切・改訂中です。 2022.2.